国际儒学联合会资助出版

典亮世界丛书

《道法自然　天人合一》，彭富春　编著

《天下为公　大同世界》，干春松、宫志翀　编著

《自强不息　厚德载物》，温海明　主编

《民惟邦本　本固邦宁》，颜炳罡　编著

《为政以德　政者正也》，姚新中、秦彤阳　编著

《革故鼎新　与时俱进》，田辰山、赵延风　编著

《脚踏实地　实事求是》，杜保瑞　编著

《经世致用　知行合一》，康　震　主编

《集思广益　博施众利》，章伟文　编著

《仁者爱人　以德立人》，李存山　编著

《以诚待人　讲信修睦》，欧阳祯人　编著

《清廉从政　勤勉奉公》，罗安宪　编著

《俭约自守　力戒奢华》，秦彦士　编著

《求同存异　和而不同》，丁四新　等　编著

《安不忘危　居安思危》，吴根友、刘思源　编著

國際儒學聯合會 · 典亮世界丛书

道法自然
天人合一

彭富春　编著

人民出版社

出 版 说 明

  2014 年 9 月 24 日，习近平主席在纪念孔子诞辰 2565 周年国际学术研讨会暨国际儒学联合会第五届会员大会开幕会上的讲话中，提出了包括儒家思想在内的中国优秀传统文化中蕴藏着解决当代人类面临的难题的重要启示："关于道法自然、天人合一的思想，关于天下为公、大同世界的思想，关于自强不息、厚德载物的思想，关于以民为本、安民富民乐民的思想，关于为政以德、政者正也的思想，关于苟日新日日新又日新、革故鼎新、与时俱进的思想，关于脚踏实地、实事求是的思想，关于经世致用、知行合一、躬行实践的思想，关于集思广益、博施众利、群策群力的思想，关于仁者爱人、以德立人的思想，关于以诚待人、讲信修睦的思想，关于清廉从政、勤勉奉公的思想，关于俭约自守、力戒奢华的思想，关于中和、泰和、求同存异、和而不同、和谐相处的思想，关于安不忘危、存不忘亡、治不忘乱、居安思危的思想，等等。"习近平主席的重要讲话高屋建瓴，视野宏大，思想深邃，深刻阐明了中华优秀传统文化为人们认识和改造世界提供的有益启迪，为治国理政提供的有益启示，为道德建设提供的有益启发，对传承弘扬中华优秀传统文化具有长远的根本的指导意义。

  为把学习贯彻落实习近平主席这一重要讲话精神进一步引向

深入，国际儒学联合会与人民出版社共同策划了"典亮世界丛书"。丛书面向对中华文化感兴趣的海内外读者，以习近平新时代中国特色社会主义思想为指导，结合新时代中国的治国理政实践，由在中华传统文化领域深耕多年的学者担纲编写，从浩如烟海的中华典籍中精选与这十五个重要启示密切相关的典文，对其进行节选、注释、翻译和解析，赋予其新的涵义，以帮助读者更好地理解中华优秀传统文化之于当代中国的价值，为解决当代人类面临的难题提供中国方案，让中国优秀传统文化同世界各国优秀文化一道造福人类！

我们应秉持历史照鉴未来的理念，传承创新包括儒学在内的中华传统文化，把那些跨越时空、超越国度、具有当代价值的文化精神弘扬起来，倡导求同存异，消弭隔阂，增进互信，促进文明和谐共生，弘扬和平、发展、公平、正义、民主、自由的全人类共同价值，为共创后疫情时代美好世界、推动构建人类命运共同体而努力。

国际儒学联合会、人民出版社

2022 年 4 月

目 录

引言　从天人合一到天人共生

一

我们从人生在世的基本事实出发。

人是身体性的存在者，他首要的在世活动是欲望的追求和满足。人怀有欲望要占有并消费所欲物。但人不能如同动物那样本能地满足自己的需求，而是要使用技术来实现自己的目的。技术是人发明和使用工具来制作物的活动。通过制作物，人的欲望才能占有物。人的欲望和技术于是相互推动着对方。一方面，欲望驱使人们发明、使用并创新技术，使之更好地满足人的欲望；另一方面，技术的进步也会刺激和强化人的欲望，使之无限追求。但它们不能无边界地发展，否则将破坏人类存在的整体，甚至会导致人类的灾难和死亡，因此需要大道的指引。所谓大道也称为智慧和真理，是关于人的存在和命运的知识。它说出人是谁，世界是什么，揭示了存在的真相，给人和世界开辟了一条光明大道。一方面，它给欲望划分边界，指出什么样的欲望是可以渴求的，什么样的欲望是不可以渴求的；另一方面，它给技术划分边界，指出什么样的技术是可以使用的，什么样的技术是不可以使用的。可以说，智慧指引了欲望和技术存在的方向，使之不能误入歧途，而能走在正道。当然，欲望和技术也以自身日新月异的力量推动大道的更新，使旧的智慧转换成新的智慧。如此这般，欲望、技术和大道三者就构成了一场无限的游戏活动。

虽然人类史展现为多重方面，但其主要就是欲技道游戏的历史。就欲望而言，人由身体性的欲望发展到社会性和精神性的欲望；就技术而言，人由手工技术发展到机器技术和信息技术；就智慧而言，人由神性和天地的智慧发展到人自身的智慧；如此等等。数千年以来，中西方虽然有其相似之处，但走着不同的道路。西方有自己独特的欲、技、道，中国也有自己独特的欲、技、道。例如，中西对于人的身体性的欲望就有不同的理解，中国强调身体的遮蔽，西方则注重身体的裸露。中西技术也有完全不同的发展路径，中国历史上一直固守于手工技术，用手操纵器具来从事工农业生产，而西方的工业革命则先后带来了机器技术和信息技术，它们远离人的身体而自主地生产物。至于中西智慧更是具有根本性的差异。一般而言，如果说西方是神的智慧的话，那么中国则是天的智慧。这就是说，西方的智慧强调神是人的指引者，中国的智慧强调天是人的规定者。

西方神性的智慧有其历史发展过程。首先是古希腊的诸神的智慧。他们是众神之父宙斯和奥林匹斯山上的众神们。诸神教导人要成为一个英雄。英雄的美德有智慧、节制、勇敢和正义。其次是中世纪的上帝的智慧。道成肉身的基督耶稣来拯救世界。上帝要求人要成为一个圣人。圣人的美德有信仰、希望和圣爱。最后是近代人内在的神性的智慧。不同于古希腊的诸神和中世纪的上帝，人的内在的神性就是人的理性。它不同于感官的感知和知性的判断，而是心灵自身建立根据的能力。它既为思想建立根据，也为存在建立根据。它要人成为一个自由人，亦即公民。公民的美德是自由、平等和博爱。既然神是人的指引者，那么人的最高实现就是人神合一。

与西方的智慧时代性的区分不同，中国的智慧主要由先秦的儒道二者互补发展到唐宋的儒道禅三者并存。孔孟的儒家的智慧阐释了社会之道，指出人如何生活在家国之中，亦即孝亲和忠君；老庄的道家的智慧阐释了自然之道，指出人如何生活在天地之间，亦即无为而无不为；慧能的禅宗的智慧阐释了心灵之道，指出人如何明心见性，顿悟成佛。其中，儒道两家都强调了天的智慧。天不仅是万物的本源，而且也是人类的基础。既然天是人的规定者，那么人的最高实现就是天人合一。

我们将集中探讨中国古典思想天人合一的意义。依次将追问：

什么是这个天？

什么是这个人？

什么是这个天人合一？

二

一个显明的事实是，人生天地间，并在其间生和死。对于中国人而言，不是天地人神的四元，而是天地人三者构成了生活世界的基本要素。对于中国人而言，神或者上帝既不是天地的创造者，也不是天地间最重要的存在者，而至多是万物之一。但天地人三者不是并列的，而是有先后顺序的。与人相较，天地具有其优先性。这在于天地其自身给予性。这就是说，天地是先于人而存在的。先有天地，然后有万物；先有万物，然后有男女。

天的意义不是单一的，而是多重的。

第一，天空。人在天之下，天在人之上。它是无限的存在者。尽管天存在，并且在这里，但它是空的。它不能等同于任何一种可见的事物，只是显现为宽广和深邃的蓝色。在这样的意义上，天没有任何东西，而就是太空或者虚空。因此天虽然是显明的，但又是遮蔽的。这就是说，天虽然是人们每天遇到的，日常熟知的，但也是超常神秘的，无人知晓它的本性。

第二，日月星辰。天不仅指天空，而且指天空上的一切存在者，如日月星辰等，还包括了电闪雷鸣、暴风骤雨等气象活动。这种意义的天就不再是虚空，而是实体。虽然人们可以想象太阳系、银河系乃至整个宇宙的存在者是无限的，但是其中的太阳和月亮对于地球及其万物的关系是最为重要的。年、月和日夜的区分是由地球和太阳、月亮之间的运转所形成的。这种时间和空间的转变直接规定了人的基本生存方式。如在农业社会里，人们日出而作，日落而息。

第三，天地。天除了指天上的一切存在者之外，也指天地。为什么？这在于地球也是天空中的一个天体，而且与太阳和月亮的存在密切相关。作为如此的天就不再只是天空和日月星辰，而是天地万物，亦即自然界整体。它包括了矿物、植物、动物和人。但在天地万物的存在者整体中，天具有超出其他存在者的至高无上的地位。虽然天地共生，但与地相比，天具有规定性的力量。天包括地，并能统属地。因此，天地往往可简称为天。

第四，天道。它是天自身永恒运行的道路。它是已经给予的，是自然而然的。于是天道的语义等同于天性、天然、自然。自然成为了天道的另外一个名字。自然实际上具有两重性：一方面指自然界整体，即天地万物；另一方面指天地万物的自然而然的本性。

天虽然具有上述不同的语义，但它们都可以归纳为物性的天。作为物性的天，它或者是天地万物的整体，或者是其中一个部分，是一种自然而然的且是物质性的存在。它给予自身，生成自身。它没有任何外在的原因和目的，也没有任何人格和意志。它沿着自身的道路而行。

除了物性的天之外，还有类人的天。天是物，不是人。但人们将天拟人化，使它具有类人的本性，有如人的行为、思想和语言。当天类人化之后，它就能观照并反映人的所作所为。

最后还有神性的天。它有神秘的和不可知的特性，因此获得了神的身份，仿佛上帝般的存在。这种天就成为了天帝。它有认识、意志和情感，并能在冥冥之中支配人与万物的命运。它能创造世界，毁灭世界，当然也能拯救世界。这就是天的神性的大能。

虽然天可以理解为物性的、类人的和神性的三种，但物性的天在中国古典思想中是最主要的。

三

人生活在天地之间，是与天地并存的第三者。

人是谁？或者人具有什么样的独特的本性？中国的智慧一般也把人分为身体和心灵两个方面。当然，它对于人自身还有更细致的区分，如将人分成精、气、神等。虽然这样，但这依然没有脱离身体和心灵的二元模式。精属于身体，甚至是身体中更精微的要素；神属于心灵，或者是心灵中最高级的部分；气则处于身体和心灵的中间。气既具有身体的特性，也具有心灵的特性，是身体和心灵的连接点。不仅生命在于呼吸，而且精神也在于呼吸。

那么，人的身体和心灵是从哪里来的？中国思想认为它们既不是上帝的创造，也不是神人的生产，而是来自于天地。具体地说，人的身体源于地，人的心灵源于天。地赋予了人的肉体，天赋予了人的神灵。

就人自身的身心关系而言，中国思想否定无身体的心灵或者是无心灵的身体。一种无身体的心灵不过是鬼怪或空想而已，而一种无心灵的身体也只是行尸走肉。因此，中国思想既不肯定一个不死的灵魂，也不推崇一种片面的身体。在身体和心灵的关系上，中国思想虽然认为心灵依赖于身体，形在而神在，形灭而神灭，但更强调心灵对于人的指导作用。一个完美的人不是身心分离，而是身心合一，形神兼备。

作为一个身心共在的存在者，人如何获得其整体的规定呢？一种规定就是一种区分。这就是说，当一个事物是其自身的时候，它一定区分于它自身之外的其他事物。人的规定是正是通过人与存在者整体中其他存在者的区分而实现的。

在天地之间，除了人这个特别的存在者之外，还有其他类型的存在者。它们是矿物、植物和动物等。矿物的特性是凝聚的气，草木植物的特性是生命，禽兽动物的特性是感知。人是一个特别的动物，其特性是心灵。可以说，气不仅是矿物，而且也是植物、动物乃至人的一般规定；生命是植物、动物乃至人的共同属性；感知是动物和人的一致之处。只有心灵才是人的独特的本性。这就是说，人是有气的、生命的、感知的和心灵的存在者，是气、生命、感知和心灵的聚集地。但在这所有的特性中，唯有心灵才是人唯一所具有的特性。在存在者整体当中，人与动物是近邻。因此人与存在者整体相区分在根本上是与动物相区分。因为人与动物都具有身体或者肉体，同时都具有感知，所以人与动物的区分是很微小的。这就需要找到两者之间最关键的区分点。西方历史上人们曾找出了许多人的独特的标志，如理性、工具、符号、劳动等。但中国古典思想认为这一标志为心。于是，心灵让人与动物相区分。

心是什么？心之官则思。心是人的身体机能。古人认为思想是心脏的活动，现代则证实为大脑的机能。心灵的思考就是对于存在的意识，因此它就是意识到了的存在。意识的伟大之处在于，首先它能知道世界，亦即天地万物的本性。其次它知道人自身，亦即人的独特本性和在天地间的位置。最后它能意识自身。它能意识到自身在意识。因此它能显明自身，敞开自身，表明自身是什么。

但心灵不仅只是认识，而且也是道德。中国思想甚至认为，心在根本上就是仁义道德，或者简化为义。义是什么？它是应该、应当和当然。义与不义实际上意味着应该与不应该、道德与不道德、善与不善。人不仅能感物，知道世界本来是什么，而且也能明义，知道世界应该是什么。应该的世界不是一个自然的世界，而是一个道德的世界；不是一个现实的世界，而是一个可能的世界。于是，所谓道德不是指人的一般的德性，而是指人类存在的独特本性。这使人彻底地与动物相区分。人不仅生活在天地的自然世界中，而且也生活在人类独有的道德世界中；不仅生活在自然世界中，而且也生活在可能世界中。

凭借心灵，人不仅与动物相区分，而且与自身相区分。人与自身相区分正是指人作为可能性的人与作为现实性的人相区分。现实性的人是已经存在的，也就是作为欲望性的人和技术性的人。但可能性的人与此不同，是被智慧所指引的人。他超出了现实的有限性，而具有可能的无限性。在真理的引导下，人力图完成其存在最大的可能性。一种与已给予的现实性的人相区分的可能性的人不断使自己现实化，成为一个已实现了可能性的人，也就是真正的人。

就人与自身的区分而言，中国思想都主张人不要做一个无道的人，而要做一个有道的人。但儒、道、禅三家都有着不同的表达。儒家认为，人要与自身相区分，不要成为小人，而要成为君子。君子有三大美德：仁、智、勇。仁者不忧，智者不惑，勇者不惧。道家认为，人要与自身相区分，不要成为一个俗人，而要成为一个真人。所谓真人是与道同一的人，是与天地万物为一体的人。禅宗认为，人要与自身相区分，不要成为一个迷人，而要成为一个悟人，也就是明心见性的人。作为一个觉悟的人，人要实行大乘佛教的六度：忍辱、持戒、精进、布施、禅定、般若。其中，小人、俗人和迷人是那些充满欲望和追求技术的人，是无道之人；君子、真人和悟人是拥有智慧的人，是有道之人。

人与动物相区分使人不再是动物，而成为人；人与自身相区分使人不再只是一个欲望的人和技术的人，而是成为了一个智慧的人。虽然人与自身的区分不同于人与动物的区分，但中国思想认为前者与后者有密切的关联。为何如此？人与动物的区分在于一心。人类有心，动物无心。人与自身相区分也是在于一心。例如君子有心，小人无心。当然，当人与自身相区分的时候，他不仅保存了人与动物的区分，而且扩大了这一区分。因此，对于人与自身相区分的首要性而言，人与动物相区分只是具有次要的意义。这在于，无论是君子还是小人，他们都不同于动物。这里的关键问题已经转变，不再是人与动物相区分，而是人与自身相区分，亦即不要作为一个无道的人，而要作为一个有道的人。

只有当不仅与动物相区分，而且与自身相区分时，人才真正远离了动物，而走在人的道路上。同时，人能够建立世界和开辟历史。

四

我们先后分别分析了天和人的一般的意义，现在探讨人与天的关系。

中国思想认为，就身体而言，人与天地相比是渺小的。天地就是宇宙。它既有空间性，也有时间性。但天的空间是无限性的。从近到远，它没有边界。天的时间也是无限性的。从过去到现在到未来，它既无开始也无终结。天地间的任何有限性的空间和时间都会被克服，而成为无限的。

与天地不同，人在空间上具有有限性。人的有限的身体与天地无限的形体几乎无法比较。人不仅不如天地，而且也不如天地间的万物。实际上，人的体形和体力根本不及一些猛兽的体形和体力，人的感官的专门化也无法媲美某些动物的感官的专门化。可以说，人是一个非常脆弱和弱小的动物。人不仅在空间性上，而且在时间上也具有有限性。人生在世，诞生、劳作、死亡，不过百年。其间，光阴似箭，日月如梭，韶华易逝。但天地长存，日月永照，山河犹在。人生有限的时间只不过是宇宙无限的时间之中的瞬间罢了。

但就心灵而言，人与天地相比是伟大的。中国思想一直认为人是天地之心、万物之灵。天地虽大，但如果没有人类的话，那么它就没有心灵，也就不能意识到自身的存在。人的心灵不仅能观照自己，而且还能观照天地，并知道自身与天地万物的关系。在人的心灵的觉悟中，天地万物存在的真相才显示出来。

但心不仅指心灵，而且指中心。作为天地之心，人就是天地的中心。天地无论是空间上，还是时间上都是无限的，因此，天地的任何一点都不是中心，也不是非中心。但一旦人成为天地的心灵之后，他就成为了天地的中心，成为了万物的焦点。中国思想所理解的人作为天地之心并非人类中心主义。它不主张人统治万物，征服万物，而是看守天地，顺任天地。

在确立了人在天地间的实际位置之后，我们来揭示人与天地的关系。关于天人之际的学说，中国的智慧最主要的有天人相分说和天人合一说等。

天人相分论认为，虽然天地人同属一体，人与自然具有共同的本性，但人作为天地之心，不同于天地万物。这就是说，人与自然分属不同的存在区域。自然遵守因果法则，人则遵守自由法则。自然的因果法则意味着有因必有果，万事万物的生灭就是这无穷的因果链条上的一个环节。它是既定的，不可改变的。但人类的自由法则不同。人类虽然也遵守因果法则，但是他们能够意识到它，且能改变它。通过制造新的原因，人让事物形成新的结果。因此人与自然相分离并超出它。

天人相分论认为天地有自身固定的道路，并不依据人类的存亡而变化。这就是说，人类并不是天地的根据。与此同时，人类生活的吉凶主要在于自身是否合理地治理，而不在于天地好或者坏的变化影响。人不要迷茫于天人感应，而要明白于天人之分。让天地走天地的道路，让人走人的道路。这才是真正的人与自然的关系。

但天人相分说的关键不在于人与自然相分，而在于人与自然相争。人与自然并不是和平相处的，而是相互抗争的。如果天人相争的话，那么这就会出现三种模式：天胜人、人胜天、天人交相胜。第一种是天胜人。其中，天是强者，是主人；人是弱者，是奴隶。天是规则的制定者，人是规则的服从者。天常常以灾害来危害人的生存。它不仅使人饥寒交迫，而且使人生病、痛苦，乃至死亡。人对于天只有敬畏和恐惧。第二种是人胜天。人是强者，是主人；天是弱者，是奴隶。人是规则的制定者，天是规则的服从者。人按照自己的意志并通过行动来征服自然，甚至改造它和创造它，开天辟地。人对于天而言成为了一个新神。第三种是天人交相胜。在天人之争中，自然和人类交互战胜对方，或者被对方所战胜。天与人各有其强弱之处，天主宰天的领域，人主宰人的领域。因此在天所统治的领域，天胜人；在人所统治的领域，人胜天。

与天人相分相比，中国历史上占主导地位的还是天人合一的思想。天是天地万物，人是天地间的人。天人合一就是人与自然的合一。但天人是否合一？同时天人如何合一？这在中国历史上也是一个富有争议的问题。

天人合一学说的一种形态是天人相类说。天具有神的品性，它按照自己的形象生育了人。人是天的副本，人类的一切现象都是天的复制品。天人相类不仅直接表现为人在形体上与天类似，而且还表现为人在心灵上与天类似。于是从天的角度来看，天是一个大身体；从人的角度来看，人是一个小宇宙。除了天人相类之外，人们还主张天人感应。他们认为天不但按自己的模式制造了人，而且还能感应人的活动，并对其正义和非正义性作出相应的反应。如果人违背了天的意志的话，那么天便会降下灾异警告。反之，如果人遵循了天的意志的话，那么天就会出现符瑞。天通过阴阳、五行之气的变化来主宰天地和人。但天人相类是一种穿凿附会的说法。人无论是在身体的维度上，还是在心灵的维度上都不是对于天地的模拟。

这在于人在天地间是一个特别的存在者，他有自身唯一的不可取代的存在形态。天人感应不过是一种杜撰和猜想。人与天地之间当然存在一种作用和反作用的关系。当人适应或者违背了天地的自然规律的时候，天地就会根据自然的规律作出一种相应的反应。但这不能导致将天地拟人化和神秘化。

天人合一的思想在中国历史上最根本的学说是天人相通的主张。它包括了如下内容：一种是天人原本一体。既然天人本来未分，那么也不必言合。这就是说，作为一个已经给予的事实，既没有无天的人，也没有无人的天。天人本身就处于无法分离的同一性的存在中。另一种是天人应该一体。虽然天人有别，天是天，人是人，但天人应该合一。这在于人是生存在天地之间的。在这样的意义上，天人合一不是已然的状态，而是应然的状态。它是对于天人相分的克服，是存在的理想境界。

那么，人如何实现天人合一？这关键在于不要以人的人去合天，而要以人的天去合天。为什么？天已经存在于此，人也已经存在于此。正是因为天人有别，所以才要求人去天人合一。但人有欲望，为了满足欲望还要使用技术。贪欲和奇技都会破坏天。因此人要克服人为的欲望和技术，接受天道的指引，回到人自身的天性，同时也顺任天地万物的天性。这就不是以人的人去与天合一，而是以人的天去与天合一。

这样一个与天合一的过程是一个去蔽和显现的过程。

为什么要去蔽？这是因为不仅作为天地万物的天都是遮蔽的，而且作为人自身的天也是遮蔽的。天地万物的天只有在人的生活世界中才能被人所揭示并敞开，而人自身的天也只有在人的去欲、去技的体道的过程中才能显明。因此，为了体悟天道而实行的人自身的去蔽化也是人自身的虚无化。人的存在活动要变得虚无宁静。这具体表现为无为、无思和无言。所谓无为并非不作为，而是指不要有人为，更不要有妄为；所谓无思并非不思考，而是指不要强行思虑，更不能邪思；所谓无言不是沉默，而是指不要多言，更不能乱言。

正是在无为、无思和无言之中，人获得了宁静，达到了自身的天性亦即天道。人不仅达到了人的天道，而且也达到了天的天道。天道将自身显明出来。这就是天地的旋转，昼夜的变化，月圆月缺，四季轮回。这一切都可以归结为阴阳大化，生生不息。

人去掉了自身的人，而获得了自身的天，他就能与天合一。他的存在、思想和语言都合于天道。他为天之所为，思天之所思，言天之所言。

天人合一在人身上的完满实现者正是圣人。圣人虽然也是人，但不是一个一般的人，而是一个特别的人。他位于天地与众人之间，一方面他接受天地之道，另一方面他向众人传授天地之道。圣人的身份是多重的。他是思道者、言道者和行道者。圣人首先是一位思道者。天地不言但显现。圣人虚静，听闻天地的无言之道。当然，他不是用耳朵而是用心灵去接纳天地之道。圣人其次是一个言道者。他把自身所接纳的天地之道用语言文字表达出来。这种作为天地之道显明的语言文字如同光明一样，照亮了世界，给人民指出一条宽阔的大道。圣人最后是一个行道者。他自己行走在大道上，也带领民众行走在大道上。所谓行道的具体的步骤包括了修身、齐家、治国和平天下。总之，作为思道者、言道者和行道者的统一，圣人是天人合一的完美实现者。

五

但是无论是天人相分，还是天人合一，它们都是中国古典思想的产物，有其时代的局限性。我们有必要从当代现实出发，划分这两种观念的边界。

在天人相分的思想中，人与自然的关系是分离的。虽然有天胜人、人胜天和天人交相胜三种可能，但人定胜天的观念是主导性的。这支配了人的一般的技术活动，并在现代社会达到了登峰造极的地步。我们知道，技术是人的行为，因此是区别于自然的活动。技术不仅要加工和改造自然，而且要超出自然，创造出新天新地。当然，技术经历了历史的变迁。与古代的手工技术不同，现代技术发展了机器和信息技术。但无论是何种形态的技术，它们都包括了人、工具和产品三个环节。人是自然给予的，也就是天生的，但他通过学习使自身成为了掌握一定技能的人。工具一方面是人的身体及其器官，另一方面是对于已有的自然物的改造以及在此基础之上的发明和创造。产品显然是从自然物亦即原料中生产出来的。由此看来，人和工具和产品三者虽然都来源于自然，但又都超出了自然。

在技术的生产过程中，人与自然究竟是一种什么样的关系？它们早已不是那种毫无区分的同一的原初状态，但也不是混沌初开的人从自然中觉醒所产生的分离关系，而是一种由人所设定的主客体关系。人将自身设定为主体，将自然设定为客体。在这种特别关系中，不是自然规定人，而是人规定自然。这种规定就是技术的生产。在生产中，我们看到人与自然都被赋予了一个既定的角色。人只是一个技术性的人，而自然只是一个技术性的物。天地万物失去了它自在的存在，而专门化为一个被技术加工的物。天空和大地成为矿藏资源，植物成为了植物资源，动物成为了动物资源，如此等等。作为技术化的自然实际上只是由人完成从原料到产品的转变。在自然被技术化的同时是人自身被技术化。人的存在、思想和语言都成为了技术化的存在、思想和语言。

为何技术能够让人征服自然？这在于人的欲望和技术共谋。一方面，人的欲望推动了技术。欲望虽然要占有所欲物，但必须依靠技术来生产它。人有无穷的欲望，就会无穷地要求技术创新。另一方面，技术也制造了人的欲望。技术所制作的产品不仅满足了人已有的欲望，而且也激起了人的新的欲望。于是欲望和技术形成了一个无限的循环。对于它们而言，如果没有智慧的真理的指引的话，就会走入灾难深重的困境。

事实也正是如此。现代技术给自然带来了前所未有的危机。自然被征服了，被破坏了，已经不再是原初的自然。如大气、土地和河流受到污染，森林被砍伐，动物被猎杀，如此等等。天不成其为天，地不成其为地，万物不成其为万物。一个被毁灭了其本性的天地不再是人的居住之地，而是成为了一个荒原；万物也不是人的伴侣，而是成为了敌人。天地以极端恶劣的天气报复人，带来了无法抗拒的灾难。甚至寄宿在动物身上的可怕的病毒也传染到人的身上，让人得病、痛苦和死亡。这些都昭示着天人相分的错误、人定胜天的狂妄。同时这也表明了人要意识到技术的边界和限度，更要重新思考并调整人与自然的关系。

不仅天人相分的观念有其边界，天人合一的观念也有其边界。

天人合一论对于天人关系的设定是假想的，并不符合人与自然的真实的存在情形。事实上，人与自然不是相似，而是相异。在世界整体中，矿物、植物、动物和人分属不同的存在者。它们虽然彼此相连，但并不能绝对同一。即使在常识之中，人也不是和矿物、植物和动物画等号的。这就是说，它们之间是不可通约的。这些不同存在者之间的相似性并非一种事实性的规定，而是一种比喻性的描述。这一方面是拟人说，将万物比拟成人；另一方面是拟物说，将人比拟成万物。人作为一个特别的存在者，与万物不仅相异，而且相差。这就是说，人不是同等于万物，而是超越于万物。人的身体不同于矿物、植物和动物，人的心灵更是其他存在者所无法具有。最重要的是，人能开启一个独属于自身的世界。但世界的本性是不同于自然的本性的。当人们设定人与自然的同一的时候，实际上是设定一个高级的存在者和一个低级的存在者的同一。如果这种同一能够实现的话，那么其结果只能是高级的存在者将自身贬低为低级的存在者，而不可能是低级的存在者将自身提升为高级的存在者。这就是说，在天人合一的情形中，不是矿物、植物和动物提升为人，而是人贬低为矿物、植物和动物。

天人合一说在根本上是建基于已经给予的天地人三元世界。它明显地不同于西方的天地人神的四元世界。在西方的四元世界里，神居住在天上，人居住在大地上。其中，神是最高的，它规定了天地人。神向人启示真理，人获得此真理而改造天地。但在中国的三元世界里，人生天地间。其中，天是最高的，它规定了人。天只是显示自身，人去接受那已经显明的天道。因此，天地是人的存在的边界。在这个边界之中，天地设定了人的现实性，而人不能展开超出天地的可能性。由此，人的欲望和技术都不能去撞击天地的边界，而开启一条走出天地的道路。人始终在天地之间，而不能达到天边外。这种天人合一显然不是天去和人合一，而是人去和天合一。如果事情是这样的话，那么天人合一说实际上意味着人去遵守天的规定，服从天的法则。人的存在就是一种依据天道的自然性的存在。存在的自然性也赋予了思想的自然性。中国思想具有一个鲜明的天人结构。人们首先建立一个天地的根据，然后推论出关于人的结论。例如，人们由天尊地卑的根据得出男尊女卑的论断。存在和思想的自然性也让中国的语言极具自然性。无论是思想性的，还是文学性的，或者是日常语言的文本，它们都富有形象性。这些形象正是天地万物的形象，亦即自然的形象。人们借助这些形象表述一些超形象性的意义。

天人合一说设定了天地亦即自然作为人的存在、思想和语言的基础。这种设定当然制约了人在世界之中的活动。首先，它限定了人的欲望。人的欲望只是停留在自然的欲望亦即饮食男女，而超自然的欲望没有得到充分的展开。同时，人们也主张寡欲，甚至主张无欲。因为欲望的减少，所以人们缺少推动世界进步的动力。其次，它限定了人的技术。与自然的欲望相应，人们发展了自然的技术。技术本来是超出自然的。但是自然的技术始终没有摆脱自然的给予性。如人们虽然掌握了一些技能，但并没有建立一个作为知识学系统的科学；人们只是操作手工工具，而没能发明机器工具；人们制作的产品一般是自然物直接的变形，而非其间接的再造。最后，它限定了人的智慧。中国传统的智慧是一种自然性的智慧，而没有生发出一种非自然性或者超自然性的智慧。因为人的欲望、技术和大道都没有得到生长，所以世界和历史就会走向封闭和停止。其中，人不能独立，个体没有觉醒，精神难以飞扬。

六

天人之际既非天人相分，也非天人合一，而是天人共生，亦即人与自然的共同生成。

天地人已经存在于此，且各自走着自己的道路。天是自在的，人是自由的。但它们都存在于同一个世界里。世界是天地人的世界。它既不是无人的天地的世界，也不是无天地的人的世界。当然人们可以设定无人的天地，如在人类诞生之前的天地。甚至按照一些人的疯狂想法，人类将来可以借助航天技术而移居到地外星球上去。但如果是一个没有人的存在的天地的话，那么这种天地与人没有一丝关系。现在已经给予的事实是人在天地间。因此人们的思想一定要从现有的情形出发。

这个摆在人的面前的事实是什么？天人相依。一方面，人依赖于天地。人存在于天地之间，也就是存在于大地之上和天空之下。它无法逃脱于天地之外。无天无地就没有人。因此人的存在要谢天谢地。人对于天地的感谢在于天地给予了人的存在。人与自然的这种天生的关系是任何一种思想和行为都无法切断的。另一方面，天也依赖于人。如果没有人的话，那么虽然天空存在，但大地却成为了荒原。人的存在让天地的生命达到自身存在的完满，并达到了自身的自觉。

在天地人的世界中，天与人扮演不同的角色。他们虽然是有差异的，但是平等的。无论是天地，还是人，他们都不是世界的中心。因此我们既反对自然中心主义，也反对人类中心主义。自然中心主义强调世界以自然为目的，人为手段；反之，人类中心主义主张世界以人类为目的，自然为手段。这两种主义都有失偏颇，只能分裂天人，并加剧他们之间的矛盾。事实上，在天地人的世界中，每一存在者既以自身为目的，也以存在者整体为目的。在这样的意义上，每一存在者既是世界的中心，也不是世界的中心。基于这种角色的定位，人与自然既不是敌我关系，也不是主客关系，而是朋友和伴侣之间的关系。

正是在天人相依的关系中，天人开展了其共生的存在活动。天生成，天旋地转、草木生长、禽飞兽走；人生成，人出生、劳作、死亡。

一方面，自然促进人的生成。天地是人的现实与精神的家园。人作为一个有意识的生命的存在者，从父母所生，也是由自然而来。天地给人赋予身体的欲望，如吃喝、性行为等。同时，自然也给人提供了技术的基本条件，如人自身、工具和作为原材料的自然物。此外，自然也以天地之道启发人之道。

另一方面，人促进自然的生成。这主要表现为人的生产活动，如种植、养殖和建筑。通过种植，人们让农作物生长结果；通过养殖，人们让蓄养的动物长大繁衍；通过建筑，如道路、堤坝、桥梁等，人们改变了山河地貌。人的种种技术活动不仅使自然成为一个人的产品，而且也满足了动植物的欲望，同时也敞开和守护了万物的天性，亦即自然之道。

人对于自然生成的促进又进一步地让自然促进了人的生成。这使人与自然的相互生成进入到一种良性循环，从而生成一个新世界，亦即新天、新地和新人。

一方面，天人化，亦即自然的人化。自然成为了人的生活世界，天地万物变为了与人相关的存在者。它们仿佛是人完成的作品，成为了人的另外一个身体。天人化不仅是外在自然的人化，而且也是内在自然的人化。人的身体亦即人的自然成为了人性化的身体，同时他的五官的感觉由本能的感觉升华为人性的感觉。

另一方面，人天化，亦即人的自然化。人的技术通过改造自然也改造了人本身。这使人既远离人所生存的天地万物，也使人超出了自己的自然本性。但当人自然化的时候，人们就由自身所建立的世界而返回到天地万物，回到曾失去的家园。同时人也回归到自身的自然的本性。它不是社会培育的，而是天地赋予的。

天人共生是生生不息的。在不断地生成活动中，天尽其性，人尽其性。这就是说，天与人实现了其最大的可能性。天地人达到了存在的完满或完满的存在。这种完满的存在就是美。

第一篇

天人合一

《周易》是中国思想最古老的经典，也是最重要的经典之一，被称为群经之首，蕴含着丰富的天人合一思想。它分为《易经》和《易传》两个部分。一般认为，《易经》成于先秦，《易传》成于汉代。

《彖》〔1〕曰：大哉乾〔2〕元，万物资始，乃统天。云行雨施，品物流形。大明终始，六位时成，时乘六龙以御天。乾道变化，各正性命。保合大和，乃利贞。首出庶物，万国咸宁。

——《周易·乾卦》

注释

〔1〕《彖》：《彖传》。它断定一个卦的意义。

〔2〕乾：纯阳，指天。

译文

《彖传》说：伟大的乾元之气，万物依赖它而开始，它统领着天。云朵飘行，雨水降临，各品事物流动而成形。太阳始终运转，乾卦的六爻按照时位而成，如同太阳依时乘着六条巨龙而统御着天。乾阳之道的变化让万物正持自身的性命，保合太和之气，有利于自己的本性的贞正。阳气又开始生出万物，万国一切安宁。

解析

1. 乾是天，由纯阳组成。天上有日月星辰。太阳是阳的代表。

2. 天的本性是运行不息，变化无穷。它有昼夜的变化，月份的变迁，四季的轮回。这使天地万物生生不息。

3. 天的阳气让天下万物生长。这关键在于它赋予了万物的生命力。

道法自然　天人合一

《象》〔1〕曰：天行健，君子以自强不息。

潜龙〔2〕勿用，阳在下也。

见龙在田，德施普也。

终日乾乾，反复道也。

或跃在渊，进无咎也。

飞龙在天，大人造也。

亢龙有悔，盈不可久也。

用九，天德不可为首也。

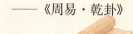

——《周易·乾卦》

︱注释︱

〔1〕《象》：《象传》。它阐释卦象和爻象的意义。

〔2〕龙：人们构想的非现实存在的生物。

︱译文︱

《象传》说：天运行刚健不止，因此君子要自强不息。

龙潜伏水底不施用，是因为阳气还在下面。

龙出现在地上，大德施用普遍。

君子终日乾健，反复行道。

龙或飞跃向上，或者沉潜在渊，前进没有害处。

飞龙在天，大人大有作为。

高亢之龙必定悔恨，盈满不能长久。

用九说群龙无首，天的大德不自居为首。

解析

1.天人关系是中国思想中最重要的主题，也是《周易》思想的关键之处。天是人的存在、思想和语言的基础。圣人或者君子正是在此基础上开展自己的活动。君子是一种特别的人。所谓君子就是君王之子。但这不仅是指血统上，而且是指人性上的。"天行健，君子以自强不息。"这句话就意味着人的存在要如天一般地运行。唯有天人合一，亦即天指引人，人合于天，人才能完成他真正的存在。

2.《周易》的每一卦实际上揭示了一个事物发展的真理。六十四卦就是六十四种事物发展的真理。任何一个事物都不是死的，而是活的，也就是不断生成出来的。它有一个逐渐发展的过程，包括了开端、中间和终结三个部分。《周易》的每一卦都有六爻。大致来说，初二两爻是开端，三四两爻是中间，五上两爻是终结。当然，人们对于六爻中的每一爻还可以作更细致的区分。初位是开端，二位是发展，三位是小成，四位是上升，五位是大成，上位是终结。

3.《周易》最早是一本占卜的书，但后来成为了一本智慧的书。其伟大之处在于，让人把握事物发展的真理。事物发展的六个环节都会显示为不同的自然之象，人根据这样的象而领会其意。在此基础上，人见机行事。对于吉祥之卦，人要居安思危；对于凶险之卦，人要化凶为吉。因此，《周易》成为了人的存在、思想和语言的指导书。例如乾卦中的初位是开端，应潜藏勿用；二位是发展，应适度进取；三位是小成，应谨慎行事；四位是上升，应审时度势；五位是大成，应显扬功德；上位是终结，应转换危机。

《文言》〔1〕曰：夫大人者，与天地合其德，与日月合其明，与四时合其序，与鬼神合其吉凶。先天而天弗违，后天而奉天时。天且弗违，而况于人乎？况于鬼神乎？

亢之为言也，知进而不知退，知存而不知亡，知得而不知丧。其唯圣人乎？知进退存亡而不失其正者，其唯圣人乎？

——《周易·乾卦》

注释

〔1〕《文言》：《文言传》。它是文饰之言。

译文

乾卦九五爻位所说的大人与天地合其德性，与日月合其光明，与四季合其顺序，与鬼神合其显明吉凶。他先于天机而行，而天不违背他；他后于天机而行，而能奉行天时。既然天都不违背他，何况人们呢？何况鬼神呢？

上九爻位所说的亢龙的亢是说，人只是知道前进而不知道后退，只是知道存在而不知道消亡，只知道获得而不知道丧失。大概只有圣人知道亢的危害吧！知道进退存亡而不失去行走正道，大概只有圣人吧！

解析

1.大人就是伟大的人，亦即一般所说的圣人。圣人虽然是一般的人，但是一个特别的人。他完全是与天合一的。这就是说，他的存在、思想和语言完全与天地万物为一体。这具体表现为：与天地合其德性，与日月合其光明，与四季合其顺序，与鬼神合其显明吉凶。天地是中国人所存在的世界中最主要的两个部分。一个已经给予的事实是，人生天地间。日月是天地间最光明的存在者。正是它们驱逐了白天和黑夜的黑暗，让万物自身的形象呈现出来。四季是春夏秋冬的变换，春生、夏长、秋收和冬藏。鬼神是天地间最神秘的存在者。神是不死的生者，鬼是不死的死者。他们能显示出那不可知的奥妙。而圣人却是与天地、日月、四季和鬼神四者通达的。

2.圣人与天地万物一体，这意味着他依天而行。圣人的存在、思想和语言成为了天的存在、思想和语言。他言说、思考和践行天道，甚至是替天言道、为天思道、代天行道。因此，他不违背天，天也不违背他。

3.进退、存亡和得失是人处理事物时的两种完全相反的方向。人究竟沿着何种方向行走，这完全取决于事物自身所发展的阶段，亦即是否是开端、中间和终结。根据事物自身发展的步骤，人见机行事，采取进退、存亡和得失的对策。一般人只知道前进、存在和获得，不知后退、消亡和丧失。但物极必反，其前进、存在和获得，相反导致了后退、消亡和丧失。但圣人反之，他知道进退、存亡和得失，该进则进，该退则退；该存则存，该亡则亡；该得则得，该失则失。当他后退、消亡和丧失的时候，相反他达到了前进、存在和获得。

《彖》曰：至哉坤元，万物资生，乃顺承天。坤[1]厚载物，德合无疆。含弘光大，品物咸亨。牝马[2]地类，行地无疆，柔顺利贞。君子攸行，先迷失道，后顺得常。西南得朋，乃与类行；东北丧朋，乃终有庆。安贞之吉，应地无疆。

——《周易·坤卦》

注释

〔1〕坤：纯阴，指地。

〔2〕牝马：母马，是阴类的生物。

译文

《彖传》说：伟大的坤元之气！作为大地，万物依赖它而生长，并且顺从天道。大地深厚而能承载万物，德性广合没有边界。它包含弘阔并使之光大，万物一切亨通。母马是地上的生物，在大地上行走无疆，其柔顺的品格利于保持贞正。君子有所行走，如率意先行必然迷失方向而失去正道，如随后顺行则能得到常道。往西南方向能够得到朋友，可以与同类行走；往东北方向则会丧失朋友，但最终仍有吉庆。安贞的吉祥正应和了大地的美德而无边无界。

解析

1.坤是地，纯阴。中国的世界由天地人组成。其中天是纯阳，地是纯阴，人得天地阴阳二气而生。就地而言，它一方面构成和天的关系，另一方面构成和人及万物的关系。就地和天的关系而言，天是地的规定者，地是天的所规定者。因此地顺承天的运行。就地和万物的关系而言，地承载万物，生长万物，光大万物。

2.牝马是动物，而且是阴性的生物。它擅长在大地上奔走，也能载人载物。在这个意义上，它具有坤的本性。牝马柔顺品格相对于牡马的刚健，正如坤元相对于乾元。

3.君子的生活如同在大地上行走，在根本上要顺道而行，正如坤元顺应乾元一样。

《象》曰：地势坤〔1〕，君子以厚德载物。

——《周易·坤卦》

▌注释▌

〔1〕坤：一般将坤等同于顺。

▌译文▌

《象传》说：大地的气势是通顺的，因此君子要增厚自身的德性，而承载世上的万物。

▌解析▌

在天人合一的基本原则规定下，君子不仅要效仿天，而且要效仿地。大地的基本品德就是顺天载物，因此君子也要如此。一方面，君子要增厚其德。唯有德性宽厚，才能承载万物。另一方面，君子要承载万物。所谓承载不仅是接纳和包容，而且是生成和促进；所谓万物不仅包括了物，也包括了人。

《文言》曰：坤至柔，而动也刚，至静而德方〔1〕，后得主而有常，含万物而化光。坤道其顺乎，承天而时行。积善之家，必有余庆；积不善之家，必有余殃。臣弑其君，子弑其父，非一朝一夕之故，其所由来者渐矣，由辩之不早辩也。《易》曰："履霜，坚冰至。"盖言顺也。"直"其正也，"方"其义也。君子敬以直内，义以方外，敬义立，而德不孤。"直、方、大，不习无不利"，则不疑其所行也。阴虽有美，含之以从王事，弗敢成也。地道也，妻道也，臣道也。地道无成，而代有终也。天地变化，草木蕃；天地闭，贤人隐。《易》曰："括囊，无咎无誉。"盖言谨也。君子黄中通理，正位居体，美在其中，而畅于四支，发于事业，美之至也。

——《周易·坤卦》

注释

〔1〕德方：德性方正。

译文

　　《文言传》说：坤地极其柔顺但其变动却也刚健，极其安静但其德性方正。它随后得到乾主而获有常道，包含万物而化育光大。坤道是多么地柔顺！它承顺天道和顺时而行。积累善行的家族必余留吉庆，积累不善的家族必余留祸殃。臣子弑杀国君，儿子弑杀父亲，并非一朝一夕所导致的原因，而其所由来者是逐渐形成的。这在于国君和父亲的辨别没有及早辨别。《易》说："人踩到霜上的时候，坚冰就要到来了。"这就是说事物发展的顺序。"直"是指中正，

"方"是指大义。君子恭敬以使内在正直，大义以使外在方刚。恭敬和大义建立了，人们的德性就不会孤立了。"正直、方刚、宏大，即使人不学习也没有什么不利"，这就不会让人怀疑他的行为了。阴性虽然具有美德，但要含藏以用来遵从君王的事业，而不敢居成功劳。阴性是地道、妻道和臣道。地道无所谓成功，只不过是替天效力以致事终。天地变化，草木繁盛；天地闭合，贤人隐遁。《易》说："收紧袋口，既无咎害，也无美誉。"这大概是说人要谨言慎行吧。君子的品德仿佛居中的黄色外达文理，身处正位，美在心中，畅达于四肢，显发于事业，美达到了其极端。

┃解析┃

1.任何一个事物的发展都是一个循序渐进的过程，亦即由少到多，由轻到重，从而完成从量变到质变的根本性的转变。一个家庭积善也好，积不善也好，都是一个积累的过程。至于弑父和弑君这样大逆不道的罪行，并非突变的，而是渐变的。因此，为了防止不良结果的产生，人们就必须意识到其开端的产生。这就是人们所说的防微杜渐。

2.地作为阴性的存在者相对于天作为阳性的存在者。与天的开显不同，地是隐含。因此，君子也要效仿地的阴性之德，善于遮蔽自身。这就是要求人自身谨言慎行，如同收紧袋口一样。一方面，人们的言行深藏于袋中，不彰显自己；另一方面，他人不知晓自己的作为，因此不会招致诋毁或者赞誉。

3.君子之美是一个不断完善和充实的过程。他首先是心灵美，具有天地间最崇高的美德；其次是身体美，其头面和四肢都充满美的光辉；最后是事业美，他的所作所为都成为了美的事件。在这样的意义上，君子就是一个美的人，也就是一个美的存在者。

天尊地卑，乾坤定矣。卑高以陈，贵贱位矣。动静有常，刚柔断矣。方〔1〕以类聚，物以群分，吉凶〔2〕生矣。在天成象，在地成形，变化见矣。是故刚柔相摩，八卦〔3〕相荡。鼓之以雷霆，润之以风雨。日月运行，一寒一暑。乾道成男，坤道成女。乾知大始，坤作成物。乾以易知，坤以简能。易则易知，简则易从。易知则有亲，易从则有功。有亲则可久，有功则可大。可久则贤人之德，可大则贤人之业。易简而天下之理得矣。天下之理得，而成位乎其中矣。

——《周易·系辞上传》第一章

注释

〔1〕方：方向，亦即事物的走向。

〔2〕吉凶：爻辞对于卦象的好坏性质的最基本的判断。

〔3〕八卦：指乾坤震巽坎离艮兑，亦即天地雷风水火山泽。

译文

天尊高，地卑下，这样乾坤的上下就确定了。尊高和卑下一旦陈列，高贵和低贱就定位了。变动和安静有其常道，刚健和柔顺就断定了。方向以类别相聚集，事物以群体相区分，这样吉凶就产生了。在天的成为了日月星辰之象，在地的成为了山川草木之形，变化就显现出来了。因此阳刚阴柔相互摩擦，八卦相互激荡。雷霆在鼓动，风雨在润泽，日月在运行，寒暑在交替。乾道生成了男性，坤道生成了女性。乾道的作用在于创始，坤道的作用在于成物。乾以平易所知，坤以简约见能。平易则容易知晓，简约则容易顺从。

容易知晓则有人亲近，容易顺从则可见事功。有人亲近则可以长久，有人建功则可广大。可久是贤人的美德，可大是贤人的事业。把握了乾坤的平易和简约就能懂得天下的道理。把握了天下的道理就能成位于天下万物之间了。

解析

《周易》说出了天人之道，也就是中国智慧的核心问题。这在《周易》中表述为易理。何谓易理？它是《周易》揭示的天人之理。易理的本性有三：不易、变易、简易。

1. 首先是不易。《周易》言说了天地不变和永恒的真理。天地相分就形成了世界。世界是已经被给予的，同时也是被确定的。在天地之间，卑高、动静、万物、象形都定位、断分、生成和显现。天地保持了自身的同一性。这就是说，天是天，地是地，而且天永远是天，地永远是地。因此，《周易》所说的天地之道是不变的和永恒的。

2. 其次是变易。《周易》永恒的真理却是关于天地万物变化的真理。这是因为天地之道是阴阳之道，而阴阳之道就是变化之道。阴转化为阳，阳转化为阴，并形成新的阴阳。变化既是空间的位移，也是时间的流逝。在变化之中，万物生成自身。

3. 最后是简易。《周易》永恒的、变化的真理也是非常简明的真理。这在于天地之道虽然遮蔽自身，但又显明自身，仿佛日月经天，江河行地。如此的天道并不复杂，而是简明。作为如此，易理容易被人所认知，也容易为人所实践。

圣人设卦观象，系辞焉而明吉凶，刚柔相推而生变化。是故吉凶者，失得之象也；悔吝〔1〕者，忧虞之象也；变化者，进退之象也；刚柔者，昼夜之象也。六爻之动，三极之道也。是故君子所居而安者，《易》之序也；所乐而玩者，爻之辞也。是故君子居则观其象而玩其辞，动则观其变而玩其占，是以自天佑之，吉无不利。

——《周易·系辞上传》第二章

注释

〔1〕悔吝：悔是悔恨，吝是吝憾。

译文

圣人设卦而观察物象，并对每一卦爻都编系文辞而说明其吉凶，推演阳刚和阴柔两爻而生出无穷的变化。因此吉凶是断定获得和失去的卦象，悔吝是断定忧虑和心愁的卦象，变化是断定前进和后退的卦象，刚柔是断定白昼和黑夜的卦象。六爻的变化包含了天地人三者之道。因此君子所居处和安乐的，是《周易》所规定的秩序；所喜爱和玩赏的，是卦爻的文辞。因此君子静居时观察卦象而玩赏文辞，行动时观察爻变而玩赏占卜，因此来自上天的保佑，只有吉祥而无不利。

解析

1.圣人作《易》首先是观察万物之象，所谓象就是事物的显现的形象。这些物象可分为天象、地象和人象。其次，他将物象转化为卦象，最基本是由阴阳两爻所组成的八卦，并在此基础上推演出六十四卦。八卦刻画了天地中最主要的物象，而六十四卦描述了自然和人类中最基本的事件的发展过程。最后，他有文辞断定每一爻的吉凶。每一卦有六爻，六十四卦就共有三百八十四爻。他对每一爻的性质都作出了区分。但无论是吉，还是凶，他都主张居吉防凶，化凶为吉。

2.圣人学《易》就是按照《易》的原则来规定自己的存在、思想和语言。这可静动两个方面来说明。就静而言，圣人主要是重视《易》的卦象和爻辞，亦即它的理论性的部分；就动而言，圣人主要是重视《易》的变化和占卜，亦即它的实践性的部分。圣人按照《易》的原则来存在，就是按照天的原则来存在。有了天的保佑，圣人当然能够趋吉避凶。

《易》与天地准，是故能弥纶[1]天地之道。仰以观于天文，俯以察于地理，是故知幽明之故；原始反终，故知死生之说；精气为物，游魂为变，是故知鬼神之情状。与天地相似，故不违；知周乎万物而道济天下，故不过；旁行而不流，乐天知命，故不忧。安土敦乎仁，故能爱。范围天地之化而不过，曲成[2]万物而不遗，通乎昼夜之道而知，故神无方而《易》无体。

——《周易·系辞上传》第四章

注释

〔1〕弥纶：弥是尽、遍，纶是包括。弥纶就是完全包括。

〔2〕曲成：曲尽细密助成万物。

译文

《周易》与天地相准，因此能普遍地包含天地之道。圣人仰观天文，俯察地理，因此能知道幽暗和显明的事由。推原事物的开始并反求事物的终结，这就知道死生的道理。精气集聚成物，而游魂变成他物，这就知道了鬼神的情状。与天地相近似，所以就不会违背。知识周遍万物而大道广济天地，所以没有过失。广泛流行但不泛滥，乐天知命，所以没有忧愁。安守地方而敦行仁义，所以能够博爱。包围天地的化育而没有过差，曲尽细密助成万物而没有遗漏，通达昼夜之道而知晓，所以神奇的天地之道不偏执一方，而《周易》之道也不定于一体。

道法自然　天人合一

┃解析┃

1.易道之广大。这在于它能包括天地的一切。第一，它观察既有天文，也有地理，因此就包括了天地间一切的存在者，不论是显明的，还是幽暗的。第二，它知道事物的始终，因此也就揭示了生的开始和死的终结。第三，它把握了精气的聚集和变化，因此洞晓鬼神的秘密。

2.易道之利益。《周易》是天地之道的符号化和文字化，因此它作为智慧之书就是人的存在的指引。它能防止人们误入歧途，而能行走在正确的道路上。这就是要求天人合一，让人当一个知者和仁者。知识周遍万物，仁爱博施天下。

3.易道之神奇。这在于它能促进天地的化育、万物的生长和昼夜的更替。易道不定于一体，这在于它与天地万物一体。因此它是变易的，也就是多元的。

一阴一阳之谓道。继之者善也，成之者性也。仁者见之谓之仁，知者见之谓之知。百姓日用而不知，故君子之道鲜矣。显诸仁，藏诸用，鼓万物而不与圣人同忧。盛德大业至矣哉！富有之谓大业，日新之谓盛德。生生〔1〕之谓易，成象之谓乾，效法之谓坤，极数知来之谓占，通变之谓事，阴阳不测之谓神。

——《周易·系辞上传》第五章

注释

〔1〕生生：生而又生。

译文

阴阳的变化就是易道。承继易道就是善，完成易道就是性。仁者见到易道称之为仁，知者见到易道称之为知，百姓虽然日常运用易道但没有意识到它。因此，君子的易道被人知道的就很少了。易道显现于仁德，隐藏于日用，易道鼓动万物化育而不同于圣人的忧虑之心。盛德大业真是达到了极致啊！富有万物就是大业，日新德性就是盛德。阴阳生而又生永不停息就是易道。天的成象就是乾卦，地的效法就是坤卦，穷极象数而预知将来就是占卜，通变就是事情，阴阳不测就是神。

解析

1.易道就是一阴一阳的并列、对立和转换。它规定了一般所谓的善和性。善就是对于易道的继承，性就是对于易道的完成。虽然如此，不同的人们从不同的角度去理解易道就有不同的观点。仁者将易道说成仁，知者将易道说成知，而百姓却根本不知道易道。因此，易道不仅是自身遮蔽的，而且是被人遮蔽的。

2.但易道是伟大的，这在于它鼓动天下万物的化育。它具有盛德大业，日新德性，富有万物。无论是从德而言，还是从物而言，易道都达到了极致。它生而又生，永不停息。易道包括了天地，不仅知道过去和现在，而且知道未来。它通变事情，具有不可测定的神秘。

夫《易》，广矣大矣。以言乎远则不御〔1〕，以言乎迩则静而正，以言乎天地之间则备矣。夫乾，其静也专，其动也直，是以大生焉。夫坤，其静也翕〔2〕，其动也辟〔3〕，是以广生焉。广大配天地，变通配四时，阴阳之义配日月，易简之善配至德。

—— 《周易·系辞上传》第六章

▎注释▎

〔1〕御：止。

〔2〕翕：闭合。

〔3〕辟：开辟。

▎译文▎

《周易》广大啊！它言说远处的事情则没有止境，言说近处的事情则宁静而正确，言说天地之间的事情则十分完备。阳乾在安静的时候是专一的，在变动的时候是刚直的，因此生发出宏大；阴坤在安静的时候是闭合的，在变动的时候是开辟的，因此生发出宽广。乾大坤广配合了天地，变化通达配合了四季，阴阳交替配合了日月，易道简易的善性配合了至德。

▎解析▎

1.易道所谓的广大不仅是空间上的，即包括了近处和远处，而且是时间上的，即包括了过去、现在和将来，也就是包括了天地间由古到今所发生的一切事情。

2.乾坤是易道的根本。乾坤一阳一阴，一动一静。但乾坤各自

道法自然　天人合一

也有其动静，只是各有其特性而已。乾坤所代表的易道通天地、日
月和四时，因此达到了至高的德性。

圣人有以见天下之赜[1]，而拟诸其形容，象其物宜，是故谓之象。圣人有以见天下之动，而观其会通，以行其典礼，系辞焉以断其吉凶，是故谓之爻。言天下之至赜而不可恶也，言天下之至动而不可乱也。拟之而后言，议之而后动，拟议以成其变化。

——《周易·系辞上传》第八章

注释

〔1〕赜：幽深不可见。

译文

圣人洞见到了天下幽深的不可见的道理，而将它比拟为可见的形象容貌，用来象征事物适宜的意义，这就是所谓的卦象。圣人洞见到了天下的变动，观察其会合变通，而实行其相应的典礼制度，撰系文字来断定事物的吉凶，这就是所谓的爻。圣人言说天下最深奥的道理而不可邪恶，言说天下最变动的事情而不可错乱。先比拟物象而后言说，先审议事物而后再行动，比拟和审议事物而促进其变化。

解析

1.《周易》有六十四卦象，并代表六十四种物象，即天地万物等，而物象则包含了意象。这里的意象的意不仅是人的心意之意，而且是事物的意义之意。

2.《周易》有三百八十四爻。爻就是事物的变动，爻辞就是对于其变动的吉凶的断定。

3.圣人设卦断爻在根本上是要揭示天地万物的真理，因此是不能邪恶和错乱的，否则就会导致荒谬。正是在真理的基础上，圣人展开了自己的言行。反过来，圣人的言行促进了事物的发展，也就是居安思危，化凶为吉。

《易》有圣人之道四焉：以言者尚其辞，以动者尚其变，以制器者尚其象，以卜筮者尚其占。是以君子将有为也，将有行也，问焉而以言，其受命也如响，无有远近幽深，遂知来物。非天下之至精，其孰能与于此？参伍〔1〕以变，错综其数。通其变，遂成天下之文；极其数，遂定天下之象。非天下之至变，其孰能与于此？《易》无思也，无为也，寂然不动，感而遂通天下之故。非天下之至神，其孰能与于此？夫《易》，圣人之所以极深而研几也。唯深也，故能通天下之志；唯几也，故能成天下之务；唯神也，故不疾而速，不行而至。

——《周易·系辞上传》第十章

注释

〔1〕参伍：错综复杂。

译文

《周易》包含的圣人之道有四种：言说者崇尚其卦辞，行动者崇尚其爻变，制器者崇尚其卦象，卜筮者崇尚其占断。因此君子将有所作为和行动的时候，将问卦《周易》而言事，而《周易》能如响应般承受问卦者的要求，无论是遥远和切近的，还是幽隐和深邃的，它都能知道将来的事情。假若不是天下极致的精明，它怎能达到如此？反复观察卦变，错综推演爻数，精通卦变，于是能形成天地之文；穷极爻数，于是能确定天地之象。假若不是天下极致的变通，它怎能达到如此？《周易》本身没有强行的思虑和作为，这是因为它寂然不动，能感应并且通达天下万物。假若不是天下极致的神奇，它怎能达到如此？《周易》是圣人极尽深奥研究精微的书。正是因为深奥，所以它能通达天下的志向；正是因为精微，所以它能成就天下的事务；正是因为神奇，所以它能不疾而速，不行而至。

解析

1.圣人之道分为四种：言说、行动、制器和卜筮。这其实包括了人的存在的主要的方面，并相关于天下万物。但圣人在从事这些活动的时候，都以《周易》作为其原则，因此言说者崇尚其卦辞，行动者崇尚其爻变，制器者崇尚其卦象，卜筮者崇尚其占断。圣人如同是一个提问者，而《周易》如同是一回答者。《周易》对于圣人有问必答，有求必应。

2.《周易》的伟大之处在于，它是天下极致的精明、变通、神奇。正是因为它深奥、精微和神奇，所以能知道天下，促成天下，且自然天成。

是故圣人以通天下之志，以定天下之业，以断天下之疑。是故蓍〔1〕之德圆而神，卦之德方以知，六爻之义易以贡。圣人以此洗心，退藏于密，吉凶与民同患。神以知来，知以藏往。其孰能与于此哉？古之聪明睿知，神武而不杀者夫。是以明于天之道，而察于民之故，是兴神物以前民用。圣人以此斋戒，以神明其德夫。是故阖户谓之坤，辟户谓之乾，一阖一辟谓之变，往来不穷谓之通。见乃谓之象，形乃谓之器，制而用之谓之法，利用出入，民咸用之谓之神。是故《易》有太极，是生两仪，两仪生四象〔2〕，四象生八卦，八卦定吉凶，吉凶生大业。是故法象莫大乎天地；变通莫大乎四时；县象著明莫大乎日月；崇高莫大乎富贵；备物致用，立成器以为天下利，莫大乎圣人；探赜索隐，钩深致远，以定天下之吉凶，成天下之亹亹〔3〕者，莫大乎蓍龟。是故天生神物，圣人则之；天地变化，圣人效之；天垂象，见吉凶，圣人象之；河出图，洛出书，圣人则之。

——《周易·系辞上传》第十一章

注释

〔1〕蓍：蓍草的数目。

〔2〕四象：太阳、少阳、太阴、少阴。

〔3〕亹亹：有多种解释，此取微妙之义。

译文

　　因此圣人用《周易》来通达天下的志向，确定天下的事业，断定天下的疑惑。因此蓍数的德性圆通而神奇，卦体的德性方正用来明智，六爻的意义简易用来贡告。圣人用此来洗涤其心灵，退藏于隐秘，与民众同忧吉凶。其神灵能知道将来，其智慧能藏住过往。谁能达到如此？唯有古代聪明睿智、神武而不用刑杀的圣人吧。因此圣人能明晓天地之道，而洞察民众之事，兴起神物用来前导民众使用。圣人用《周易》来斋戒自己，用来神明其德性。因此关闭门户叫作坤，打开门户叫作乾，一闭一开叫作变，往来不穷叫作通，事物的显现叫作象，成形的事物叫作器，制造并使用事物叫作法，人们利用这些器物反复且普遍使用就是神。因此《周易》的开端是太极，它产生阴阳两仪，两仪生出太阳、少阳、太阴、少阴四象，四象生出八卦。八卦确定吉凶，吉凶生出大业。因此取法的物象没有大于天地的；变化会通的没有大于四季的；悬挂光明的物象没有大于日月的；尊崇高贵没有大于富贵的；备物致用，创立成器为天下所利用，没有大于圣人的；探赜索隐，钩深致远，来断定天下的吉凶，成就天下的微妙，没有大于蓍龟的。因此天生神物，圣人取法它；天地变化，圣人效法它；天垂物象，显现凶吉，圣人象法它；黄河出现龙图，洛水出现龟书，圣人取法它。

解析

1.《周易》描述了宇宙的生成模式，即开端是太极，它产生阴阳两仪，两仪生出太阳、少阳、太阴、少阴四象，四象生出八卦，而八卦生出天下万物。太极是混沌未开之气。作为世界的开端，太极既不同于上帝或者神灵，也不同于神人。太极生成世界不是创造世界，它的生成过程就是气的生生不息的过程。

2.作为《周易》的天人合一的完满实现，圣人主要是取法于天。天如何，圣人则如何。因此圣人的根本使命是效法天地、日月、四季和万物。圣人怎样才能接纳天道？这在于他能洗心、斋戒，由此无思无为，而完全能向天地万物敞开。

　　3.圣人不仅能通天地之道和民众之事，而且能用天地之道引导民众之事。他制造器具供民众使用，于是就兴起了天下大业。

乾坤，其《易》之缊邪？乾坤成列，而《易》立乎其中矣；乾坤毁，则无以见《易》。《易》不可见，则乾坤或几乎息矣。是故形而上者〔1〕谓之道，形而下者〔2〕谓之器，化而裁之谓之变，推而行之谓之通，举而错之天下之民谓之事业。

——《周易·系辞上传》第十二章

 注释

〔1〕形而上者：处于形体之上，是不可感知的，不可看见的。

〔2〕形而下者：处于形体之下，实际上处于形体之中，是可感知的，可看见的。

译文

乾坤二卦是《周易》的深蕴吧？乾坤成列，《周易》就确立于其中了；乾坤毁灭，就不可能出现《周易》了。《周易》不可见，乾坤就几乎止息了。因此形而上者就称作为道，形而下者就称作为器，化育而裁节就叫作变，推广而实行就叫作通，举措给天下人民就叫作事业。

解析

1. 乾坤就是天地，也就是阴阳。它是《周易》的根本。《周易》就是关于天地阴阳变化的著作。因此人们认为《易》以道阴阳。

2. 道、器、变、通、事业描述了天地发生的序列。天地间不可见的存在者是道，也就是作为开端的太极或者是气；天地间可见的存在者是器，也就是天下万物，既包括了自然物，也包括了人工物。它们按照阴阳大化的原则有其变，有其通。圣人将其原则实行到天下人民身上就是伟大的事业。它是《周易》之道的完成，也是天人合一的完成。

天地之大德曰生[1]，圣人之大宝曰位[2]。何以守位？曰仁。何以聚人？曰财。理财正辞，禁民为非曰义。

——《周易·系辞下传》第一章

注释

[1] 生：化生万物。
[2] 位：天子之位。

译文

天地最大的德性是化生万物，圣人最大的珍宝是天子之位。何以守住天子之位？用仁人。何以聚集人才？用财物。管理财物要正辞，禁止人民为非作乱就是正义。

解析

圣人的根本在于秉承天地化生万物的德性，并守住天子之位。这在于只有当他如此的时候，他才能替天行道。守位和聚人，乃至禁民为非都不过是天地化生原则在人间的实施。

古者包牺氏〔1〕之王天下也，仰则观象于天，俯则观法于地，观鸟兽之文，与地之宜，近取诸身，远取诸物，于是始作八卦，以通神明之德，以类万物之情。

——《周易·系辞下传》第二章

注释

〔1〕包牺氏：中华人文始祖伏羲。传说伏羲画八卦。

译文

古代伏羲治理天下的时候，他仰观天上的气象，俯察地上的物法，观察动物身上的纹理，以及地上的适宜生长的万物，近取人自身的本性，远取万物的特性，于是开始作出八卦，用来贯通神明的德性，用来类比万物的情态。

解析

伏羲创作八卦是对于天地万物以及人的本性的把握而来的。可以说，他作为圣人是以人合天。正是如此，易道能贯通天地人神。

《易》之为书也，广大悉备，有天道焉，有人道焉，有地道焉。兼三才〔1〕而两之，故六；六者非它也，三才之道也。道有变动，故曰爻；爻有等，故曰物；物相杂，故曰文；文不当，故吉凶生焉。

——《周易·系辞下传》第十章

 **注释**

〔1〕三才：天地人三才。

译文

《周易》这本书包括广泛：有天道、人道和地道。把天地人三爻重叠一次，便有了六爻。六爻并非指其他，而就是指天地人三才之道。道有变动，因此称爻；爻有等次，因此称物；物象相杂，因此称文；文理有当或者不当，因此吉凶就产生了。

解析

《周易》的六十四卦中每卦都有六爻。它实际上是天地人三才的两重化，因此它意指天道、地道和人道。爻、物、文和吉凶其实都是天地人三道的具体显现。

昔者圣人之作《易》也，将以顺性命[1]之理。是以立天之道，曰阴与阳；立地之道，曰柔与刚；立人之道，曰仁与义。兼三才而两之，故《易》六画而成卦。分阴分阳，迭用柔刚，故《易》六位而成章。

——《周易·说卦传》第二章

注释

〔1〕性命：性是本性，命是天命。

译文

古代圣人创作《周易》时候，就要顺和天地万物的本性和天命的道理的。因此它创立天道叫作阴与阳，创立地道叫作柔与刚，创立人道叫作仁与义。把天地人三才加以重叠，因此《周易》的六爻就成为一卦。六爻又区分为阴位和阳位，又交替使用阴爻和阳爻。因此《周易》每卦都有六爻才能完成事物的章离。

解析

天地人三道是有区别的，天道是阴与阳，地道是柔与刚，人道是仁与义；但它们又是同一的，亦即阴与阳。地道的柔与刚、人道的仁与义要被天道阴与阳所规定。

有天地，然后有万物；有万物，然后有男女；有男女，然后有夫妇；有夫妇，然后有父子；有父子，然后有君臣；有君臣，然后有上下〔1〕；有上下，然后礼仪有所错。

——《周易·序卦传》

注释

〔1〕上下：人伦的等级。

译文

开始有了天地，然后才有万物；有了万物，然后才有男女；有了男女，然后才有夫妇；有了夫妇，然后才有父子；有了父子，然后才有君臣；有了君臣，然后才有人伦上下；有了人伦上下，然后才有礼仪的措置。

解析

这是关于自然史和人类史发生学的次第的描述。但是，无论是自然和人类都贯穿了一个基本的原则，亦即阴阳。天地、万物、男女、夫妇、父子和君臣都可区分为阴阳。在阴阳之中，阳规定阴。这就是天的原则，也是人的原则。天人合一在人类历史的发展中具体化了。

第二篇

敬天爱人

《论语》是关于孔子及其弟子的言行录，蕴含着丰富的敬天爱人思想。孔子是先秦最伟大的儒家，他的思想塑造了中国人的基本特性。

子曰："吾十有〔1〕五而志于学，三十而立〔2〕，四十而不惑，五十而知天命，六十而耳顺〔3〕，七十而从心所欲，不逾矩。"

——《论语·为政篇第二》

注释

〔1〕有：通"又"。

〔2〕立：孔子认为立于礼，也就是通过礼的学习，而知道并遵守社会的游戏规则。

〔3〕耳顺：耳朵顺从各种言语，亦即能听闻并且应答。

译文

孔子说："我十五岁时志于学习，三十岁时建立自身，四十岁时不再迷惑，五十岁时知晓天命，六十岁时耳顺而听闻各种言语，七十岁时从心所欲但不逾规矩。"

解析

1.十五志于学。志向是一个人一生的目标。当人对于自己的人生开始觉醒的时候，人就开始筹划这一生的目标。所谓志于学并非志于一般知识的学习，而是志于关于道的学习。学就是学道。唯有道才是人一生中最重要的目标。

2.三十而立。立是站立。人站立于世界之中。但人何以站立？这凭借于礼。礼是人道，是人在世界之中的游戏规则。人知道并遵守游戏规则，就能立于世界之中。

3.四十不惑。不惑是不迷惑于人生与世界的假相，从而认识了真理。人知道自己是谁，也知道世界是什么。

4.五十知天命。天命是天道。它是天的命令，是人的命运。天命设定了人的存在的边界，也就是人生死的道路。因为知道了天命，所以人就可以安身立命，把握自己的命运。

5.六十耳顺。人耳顺而听闻各种言语，这表明人与世界是沟通的。人不仅能听闻人的声音，并且能回答人的声音。此外更重要的是，人不仅能听懂天的命令，而且能听从天的命令。

6.七十从心所欲不逾矩。心无贪欲，而怀大道，故能从心所欲；既合天道，也合人道，故能不逾矩。人从心所欲但不逾规矩，这意味着心意和规矩的合一。不仅人的心意不逾规矩，而且规矩也不限人的心意。因为心意是人的意志，规矩是天道和人道的规矩，所以心意和规矩两者合一就是天人合一。这是一种自由自在的人生境界。

这是孔子对于自己人生历程六个关键步骤的总结。

子曰："君子不器〔1〕。"

——《论语·为政篇第二》

注释

〔1〕器：器具，工具。

译文

孔子说："君子不是器具。"

解析

1.君子。他是学道和有道之人。

2.器具。它具有某种特定的用途且服务于某种特定的目的。当目的完成之后，工具也就无须再使用了。

3.不器。道不是器。君子有道，故他不是器。

子曰:"人而不仁,如礼〔1〕何? 人而不仁,如乐〔2〕何?"

——《论语·八佾篇第三》

注释

〔1〕礼:礼制、礼仪等。

〔2〕乐:音乐、舞蹈、诗歌等综合艺术。

译文

孔子说:"作为一个人,但他不仁,这还有什么礼? 作为一个人,但他不仁,这还有什么乐?"

解析

1.仁。它是人的本性的根本规定。只有当人有仁的时候,人才是人,否则就不是人。

2.礼乐。它维系作为个体和整体的人。当人的根本也就是仁不复存在后,所谓的礼乐也就是一种空洞的形态了。

王孙贾问曰："与其媚于奥〔1〕，宁媚于灶〔2〕，何谓也?"
子曰："不然。获罪于天，无所祷也。"

——《论语·八佾篇第三》

注释

〔1〕奥：屋内西南角的神。

〔2〕灶：厨房里的神。

译文

王孙贾问道："与其取媚于奥（屋内西南角的神），宁可取媚于灶（厨房里的神），这是什么意思?"孔子说："不对。当人得罪了天，任何祈祷都是无用的。"

解析

1.祈祷。此是一种独特的言说方式，是人向神的言说。人希望得到神的保佑。

2.奥、灶。这是两种不同的家神。它们的神力也许具有大小之别。

3.天。它是最高的存在者，高于天地间的任何神灵。它也规定了人的存在。

4.人。人在根本上要顺天而行。如果违背了天的话，那么人向任何神的祈祷都是无用的。

道法自然　天人合一

子曰："里〔1〕仁为美。择不处仁，焉得知？"

——《论语·里仁篇第四》

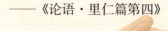

注释

〔1〕里：居住。

译文

孔子说："居住在仁爱之乡才为美。不选择居住在仁爱之乡，这怎能算是有智慧？"

解析

1.里。此处为居住。居住是人的基本的生活方式。

2.仁。仁爱不仅是人的基本规定，而且也是人的居住的基本本性。

3.美。它不仅是美丽，而且是完美，是事物本性的圆满实现。唯有居住在仁爱之乡，人的居住的本性才能得到圆满实现。

4.知。此处的知是智慧。智慧具有区分是非的能力，在此就是区分仁与不仁的能力。智慧不仅区分，而且选择和决定，亦即去非存是，去不仁存仁。居住在仁爱之乡是有智慧的，否则是无智慧的。

子曰："富与贵，是人之所欲也。不以其道得之，不处也。贫与贱，是人之所恶〔1〕也。不以其道得之，不去也。君子去仁，恶乎成名？君子无终食之间违仁，造次必于是，颠沛必于是。"

——《论语·里仁篇第四》

|注释|

〔1〕恶：厌恶。

|译文|

孔子说："富与贵，是人之所欲求的。如果不以正确的道路而得到它的话，那么人也不接受它。贫与贱，是人之所厌恶的。如果不以正确的道路而去掉它的话，那么人也不拒绝它。如果君子去掉了仁爱的话，那么他如何成就君子之名？君子没有片刻离开仁爱，他在匆忙时必然如此，在颠沛时必然如此。"

|解析|

1.欲。富贵是人所欲，贫贱是人所不欲。

2.道。它是道路，而且是真正的道路、正确的道路。道在此就是仁爱之道。

3.欲与道。欲望必须被大道所规定和指引。所欲和所不欲应听从大道的召唤。

4.君子之名。君子之名必须有君子之实。实不是其他什么，而正是仁爱。唯有仁爱之实，才有君子之名。

道法自然　天人合一

　　5.君子之实。君子是被仁爱之道所规定的。君子不仅有仁爱，而且就是仁爱。对于君子而言，仁爱不是可有可无的，而是其存在本身。因此，君子之实在于君子时时处处都在实现仁爱。

子曰："朝〔1〕闻道，夕死可矣。"

——《论语·里仁篇第四》

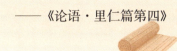

注释

〔1〕朝：早晨。

译文

孔子说："人早晨听到了大道，晚上就可以死了。"

解析

1.闻道。道是天地人的真理。圣人倾听了道并向人言说，人由此听闻道。

2.生死。道规定了人的生死。人听闻了道，就知道了生的真相，是生命的完满实现。人生得其生，死得其死。

3.朝夕。此喻时间之速。人一旦闻道，即刻就实现了生命的完满。这可见闻道之重要。

道法自然　天人合一

子曰："参〔1〕乎！吾道一以贯之。"曾子曰："唯。"

子出，门人问曰："何谓也？"曾子曰："夫子之道，忠恕而已矣。"

—— 《论语·里仁篇第四》

注释

〔1〕参：曾参，孔子的弟子。

译文

孔子说："曾参呀！我的道理是一以贯之的。"曾子说："是的。"

孔子出去后，门人问曾子："这是什么意思？"曾子说："夫子所说的道理只是忠恕罢了。"

解析

1.道。道有多重语意。一是存在性的，如大道；二是思想性的，如道理；三是语言性的，如答道。此处的道是思想性的，指道理，亦即孔子的思想。

2.一。一有多重语意。首先指多中之一；其次指作为整体的一；再次指作为统一的一。此处的一是指作为统一的一，即杂多的统一，也就是贯穿了孔子思想的一根红线。

3.忠恕。忠是中心，恕是如心；忠是忠实，恕是宽恕；忠是对己，恕是对人。忠是自己真实地存在，恕是让他人作为其自身存在。孔子之道并非只是忠恕，而是天道和人道。忠恕只是其中一种。这最后也要归结到仁。孔子一以贯之的道其实为仁。

子贡〔1〕曰："夫子之文章，可得而闻也；夫子之言性与天道，不可得而闻也。"

——《论语·公冶长篇第五》

注释

〔1〕子贡：孔子的弟子。

译文

子贡说："夫子所讲的文献，我们听得到；夫子所讲性与天道，我们听不到。"

解析

1. 文章。此即文献，包括诗书礼乐。

2. 性。此为本性。在物为物性，在人为人性。但一般为人性。

3. 天道。此为天的道路，亦即天命。

4. 闻与不闻。文章是可见的、可说的，故可闻。性与天道是不可见的，是不可说的（至少是难说的），故不可闻。

樊迟〔1〕问知。子曰："务民之义，敬鬼神而远之，可谓知矣。"

问仁。曰："仁者先难而后获，可谓仁矣。"

——《论语·雍也篇第六》

注释

〔1〕樊迟：孔子的弟子。

译文

樊迟问什么是智慧。孔子说："务使民众达到正义，敬重鬼神但远离它，这可以说是智慧。"

樊迟问什么是仁爱。孔子说："仁者先艰难而后收获，这可以说是仁爱。"

解析

1.知。其在此主要是区分人与鬼神。对人民，要致力于服务；对鬼神，既要敬重，也要远离。一般人对于鬼神要么敬重而不远离，要么远离而不敬重。敬重而远离，把握了事物的边界，也就是度。

2.仁。其在此是克己。人克制了自己的欲望并达到大道，自有仁爱。

子曰："知者乐〔1〕水，仁者乐山。知者动，仁者静。知者乐，仁者寿。"

——《论语·雍也篇第六》

注释

〔1〕乐：喜爱。

译文

孔子说："智慧的人乐于水，仁爱的人乐于山。智慧的人活动，仁爱的人安静。智慧的人快乐，仁爱的人长寿。"

解析

1.智、仁。智者是有智慧的人，仁者是有仁爱的人。

2.水、山。智者追求真理如水流万方，故乐水；仁者居于大道如山立天地，故乐山。这是不同的自然形象。

3.动、静。智者如水，故动；仁者如山，故静。这是不同的活动状态。

4.乐、寿。智者如水般快乐；仁者如山般长寿。这是不同的生命特性。

道法自然　天人合一

子曰："中庸之为德也，其至矣乎！民鲜〔1〕久矣。"

——《论语·雍也篇第六》

注释

〔1〕鲜：稀少。

译文

孔子说："中庸作为德性，它是最高的了！人民缺少它已经很久了。"

解析

1. 中庸。中是中正，无过，也不不及。庸为普遍性和永恒性。中庸是事物自身的真理。人恪守中庸，就是恪守事物的真理。

2. 至德。最高的德也是最高的道。

3. 民。唯有道者才有中庸之德，一般的民众无中庸，甚至反中庸。这在于中庸自身遮蔽，同时被民众所遮蔽。

子贡曰："如有博施于民而能济众，何如？可谓仁乎？"子曰："何事于仁！必也圣乎！尧舜〔1〕其犹病诸！夫仁者，己欲立而立人，己欲达而达人。能近取譬，可谓仁之方也已。"

—— 《论语·雍也篇第六》

注释

〔1〕尧舜：尧帝和舜帝，中国古代最伟大帝王。

译文

子贡说："如果有人博施于民而能济众的话，那这怎么样？这可说是仁爱吗？"孔子说："这哪里只是仁！这一定是圣！尧舜都难做到如此！所谓的仁，就是自己要站立，而也要让他人站立，自己要通达，而也要让他人通达。人能从近处获取例子去实践，这可以说是实行仁爱的方法。"

解析

1. 圣。此为博施于民而能济众，是一种包容天地万物的伟大境界。

2. 仁。此为己欲立而立人，己欲达而达人，是一种由己及人、推己及人的同情行为。

道法自然　天人合一

子曰："志于道，据于德，依于仁，游〔1〕于艺。"

——《论语·述而篇第七》

注释

〔1〕游：游戏。一种自由自在的活动。

译文

孔子说："志向于道，根据于德，依靠于仁，畅游于艺。"

解析

1.志于道。道是大道，是天地人的根本。人要志向于道。

2.据于德。德是德性，是道在人身上的实现。人要根据于德。

3.依于仁。仁是仁爱，是人道，是全德。人要依靠于仁。

4.游于艺。艺是六艺，包括礼、乐、射、御、书、数。艺是通达道的手段。人要畅游于艺。

道贯穿于德、仁、艺之中。

子曰："饭疏食饮水，曲肱〔1〕而枕之，乐亦在其中矣。不义而富且贵，于我如浮云。"

——《论语·述而篇第七》

注释

〔1〕曲肱：弯着胳膊。

译文

孔子说："吃粗粮，饮冷水，弯着胳膊做枕头睡觉，但乐亦在其中。不正义而富贵，于我而言如同浮云一样。"

解析

1.贫穷。虽然贫穷，但是有道，因此快乐。

2.富贵。虽然富贵，但是无道，因此鄙弃。

道法自然　天人合一

子不语：怪、力、乱、神〔1〕。

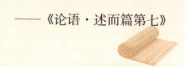

——《论语·述而篇第七》

│注释│

〔1〕神：牛鬼蛇神。

│译文│

孔子不谈怪异、强力、叛乱、鬼神。

│解析│

1. 怪。此是怪异，与平常相对。

2. 力。此是强力，与德性相对。

3. 乱。此是叛乱，与安治相对。

4. 神。此是鬼神，与人类相对。

5. 不语。孔子不语怪、力、乱、神，也就是不谈论怪、力、乱、神。这在于怪、力、乱、神是非道，不是正道。不语不仅是不谈论某物，而且是不思考某物，也不让某物去存在（至少不作为世界的根本存在者）。

子曰："天生德于予，桓魋〔1〕其如予何?"

——《论语·述而篇第七》

注释

〔1〕桓魋：宋国的司马向魋。

译文

孔子说："天在我身上生出如此德性，桓魋又能拿我怎么样?"

解析

1.天。此是人的命运的规定者。天赋予了我的德性，这意味着天生成了我，也将保佑我。

2.桓魋。他是人，不可抗拒天。当天保佑我的时候，人不可能胜过天而伤害我。

道法自然　天人合一

75

子疾病，子路〔1〕请祷。子曰："有诸?"子路对曰："有之。诔曰：'祷尔于上下神祇。'"子曰："丘之祷久矣。"

——《论语·述而篇第七》

注释

〔1〕子路：孔子的弟子。

译文

孔子重病，子路请求代为祈祷。孔子说："有这种事吗?"子路答道："有的。诔文说：'为你向上下神灵祈祷。'"孔子说："我早就祷告过了。"

解析

1.疾病。这是人的身体由于内外因素出现不健康的症状。为了克服疾病，恢复健康，人借助医疗，也祈祷神明。

2.祈祷。这是人与神的对话。人请求获得神的保佑。

3.孔子。他一是质疑代为祈祷之事，二是说明自己早就祷告了，但无助于身体的康复。因他此无须烦劳他人代为祈祷。这表明孔子知道祈祷的限度。不是祈祷（语言和心灵），而是活动才是生活的根本。

子曰："大哉尧之为君也！巍巍〔1〕乎！唯天为大，唯尧则之。荡荡乎！民无能名焉。巍巍乎其有成功也！焕乎其有文章！"

——《论语·泰伯篇第八》

注释

〔1〕巍巍：崇高之意。

译文

孔子说："伟大啊，尧作为君主！崇高啊！唯有天为最大，唯有尧仿效天。广大啊！人民无法称赞他。崇高啊，他有事业成功！光明啊，他有礼乐文明！"

解析

1.天。它是最大的，是最崇高的。

2.尧。他是圣人。他听从天道而引领人民。他的事业是伟大的，他的礼乐文明是光明的。

3.民。尧如天，人民对他无法赞美。

子罕言利，与^{〔1〕}命，与仁。

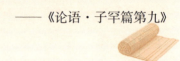

——《论语·子罕篇第九》

注释

〔1〕与：谈与，赞与。

译文

孔子罕见言说利益，但谈与命运，谈与仁爱。

解析

1.罕言利。利是利益，相关于人的欲望。孔子罕见言说利益，不仅是指极少言说利益，而且是指否定利益。

2.与命与仁。命是天命，是天道；仁是仁爱，是人道。它们是道的核心内容。孔子不仅谈论天命和仁爱，而且赞成天命和仁爱。这表明孔子反对欲望，主张大道。

子畏于匡，曰："文王既没，文不在兹乎？天之将丧斯文也，后死者不得与于斯文也；天之未丧斯文也，匡〔1〕人其如予何？"

——《论语·子罕篇第九》

注释

〔1〕匡：匡国。

译文

孔子囚禁于匡，说："周文王已经死了，文化不就在我这里吗？天若是将要毁灭这种文化，那我作为文王的后死者就不可能掌握这些文化；天若不将要毁灭这种文化，那匡人又能把我怎么样？"

解析

1. 文。此为道之文，亦即人道。具体而言，是礼乐文化、文武之道。

2. 天。天之道显现为人之道。天生成并保护礼乐文化，使之不受伤害，更不至于毁灭。

3. 人。天授予我传承礼乐文化。道在我身，文在我身。天不毁灭这种文化，人又如何能毁灭这种文化呢？孔子坚信他人不可违天害己。

道法自然　天人合一

79

子在川上〔1〕曰："逝者如斯夫！不舍昼夜。"

——《论语·子罕篇第九》

注释

〔1〕川上：河岸，河边。

译文

孔子在河岸说："流逝的时光就如同这条河流吧！它不分白昼黑夜地奔流。"

解析

1. 逝者。流逝就是时间。它不仅是过去，而且是包括了过去、现在和将来的无限整体。流逝不仅是消逝，而且也是生成，是生生不息。天地人的本性就是这种永远的生成。天旋地转，日出日落，月明月暗，春去秋来，暑尽冬临。人生了死，死了又生，生生死死，死死生生。这一切都是生成。

2. 川上。逝者如水。虽然天地人都在流逝而生成，但最直观的流逝现象之一就是流水。流水仿佛是过去、现在和将来的时间，而且在当下聚集。任何一个当下的流水，都包括了过去、现在和将来。

3. 孔子。作为圣人，孔子体悟了大道。但大道无形，不可言说。孔子把不可说的生成大道用流水说了出来。

子曰："知者〔1〕不惑，仁者不忧，勇者不惧。"

——《论语·子罕篇第九》

注释

〔1〕知者：智者。

译文

孔子说："智者不迷惑，仁者不忧愁，勇者不畏惧。"

解析

1. 知者不惑。智者知道真理，故不迷惑假相。

2. 仁者不忧。仁者博爱万物，故不忧虑自己。

3. 勇者不惧。勇者气充天地，故不惧怕困难。

知仁勇是君子的三达德。它内关乎知意情，外关乎真善美。

道法自然　天人合一

季路〔1〕问事鬼神。子曰："未能事人，焉能事鬼？"
曰："敢问死。"曰："未知生，焉知死？"

——《论语·先进篇第十一》

注释

〔1〕季路：子路。

译文

季路问如何事奉鬼神。孔子说："未能事奉人，怎能事奉鬼？"
季路说："敢问死的事情。"孔子说："未知道生，怎知道死？"

解析

1.人、鬼。此处并非意指只需事奉人，而不需事奉鬼，而是强调只有事奉了人，才能事奉鬼。这在于鬼是人的终结。事人之道，方能事鬼之道。

2.生、死。此处并非意指只需知道生，而不需知道死，而是强调只有知道了生，才能知道死。这在于死是生的终结。知生之道，方能知死之道。

司马牛[1]忧曰:"人皆有兄弟,我独亡。"子夏[2]曰:"商闻之矣:死生有命,富贵在天。君子敬而无失,与人恭而有礼,四海之内皆兄弟也。君子何患乎无兄弟也?"

——《论语·颜渊篇第十二》

注释

〔1〕司马牛:孔子的弟子。

〔2〕子夏:孔子的弟子。

译文

司马牛忧愁地说:"他人皆有兄弟,我独无。"子夏说:"我听说过:死生有命,富贵在天。君子敬而无失,与人恭而有礼,四海之内皆是兄弟。君子何必忧虑无兄弟?"

解析

1.命、天。在此,命是生死的规定者,天是富贵的规定者。因此,人的生死富贵都应该听天由命。

2.敬、恭。虽然人要听天由命,但君子也要由己为仁。为仁在此就是敬业爱人。

3.兄弟。我爱他人,他人爱我。人我不是兄弟,但如同兄弟。爱使天下成为一家。

子曰："莫我知也夫！"子贡曰："何为其莫知子也？"

子曰："不怨天，不尤人；下学〔1〕而上达〔2〕。知我者其天乎！"

——《论语·宪问篇第十四》

注释

〔1〕下学：下学万物。

〔2〕上达：上达天命。

译文

孔子说："无人知道我呀！"子贡说："为什么无人知道你呢？"

孔子说："不怨天，不尤人；下学而上达。知我者只有天罢！"

解析

1.不怨天，不尤人。天不助而不怨天，人不合而不尤人。一切反归自身，立于自身。

2.下学而上达。人下学万物而上达天道。这亦即下学形而下，上达形而上。

3.莫我知。人之所以不知道我，是因为人们不知道我与道同在。

4.知我者天。天之所以知道我，是因为我知道天。

公伯寮〔1〕愬子路于季孙〔2〕。子服景伯〔3〕以告，曰："夫子固有惑志于公伯寮，吾力犹能肆诸市朝。"

子曰："道之将行也与，命也。道之将废也与，命也。公伯寮其如命何！"

——《论语·宪问篇第十四》

注释

〔1〕公伯寮：孔子的弟子。

〔2〕季孙：鲁国正卿。

〔3〕子服景伯：鲁国的大夫。

译文

公伯寮向季孙诽谤子路。子服景伯将此告诉孔子并说："季孙已经被公伯寮迷惑了，但我的力量还能将他的尸首展示街头。"

孔子说："道将要实行，是命。道将要废弃，也是命。公伯寮能把命怎么样！"

解析

1.命。它是事物的规定性。最根本的命是天命，亦即天道。它规定了天地人。

2.道。它是道路。此处是人道，具体而言是礼乐之道。它的实行和废弃被命（天道）所规定。

3.人。命（天道）在根本上会保护人道的运行。这无非是说，人道将会在天下实现。人要服从命，不可反抗。

子曰:"志士〔1〕仁人〔2〕,无求生以害仁,有杀身以成仁。"

——《论语·卫灵公篇第十五》

注释

〔1〕志士:有志向的人。

〔2〕仁人:行仁义的人。

86

译文

孔子说:"志士仁人,不贪求生命来伤害仁德,而牺牲生命来成全仁德。"

解析

1.志士仁人。志士为有道之士,仁人为仁爱之人。志士仁人实际为一。

2.无求生。人之所以不贪求生命来伤害仁德,是因为不以欲害道。

3.有杀身。人之所以敢于牺牲生命来成全仁德,是因为制欲成道。

子曰："人能弘〔1〕道，非道弘人。"

——《论语·卫灵公篇第十五》

注释

〔1〕弘：弘扬，扩大。

译文

孔子说："人能弘扬道，非道弘扬人。"

解析

1. 人。他被道所规定。

2. 道。它为人所显现。

3. 弘。人能弘扬道，道也能弘扬人。但孔子在此无非是强调人应担当起弘扬大道的使命。

道法自然　天人合一

子曰："君子谋道不谋食。耕也，馁〔1〕在其中矣；学也，禄〔2〕在其中矣。君子忧道不忧贫。"

——《论语·卫灵公篇第十五》

注释

〔1〕馁：饥饿。

〔2〕禄：俸禄。

译文

孔子说："君子谋道不谋食。耕地，其中却会有饿馁；学习，其中也会有俸禄。君子忧道不忧贫。"

解析

1.谋道不谋食。君子谋道，但不谋满足欲望的手段。

2.耕。作为技能，耕田虽为食欲，但食欲也有时不会满足。

3.学。学习虽为大道，但也能满足人的欲望。

4.忧道不忧贫。君子忧道，不忧欲望是否能实现。这在于有道能足欲，有技未必能足欲。

孔子曰："君子有三戒：少之时，血气未定，戒之在色〔1〕；及其壮也，血气方刚，戒之在斗；及其老也，血气既衰，戒之在得。"

——《论语·季氏篇第十六》

注释

〔1〕色：色欲，即男女之间的性欲。

译文

孔子说："君子有三种戒备的事情：年少之时，血气未定，戒备之事在于色欲；等到壮年，血气方刚，戒备之事在于争斗；等到老年，血气既衰，戒备之事在于贪得。"

解析

1.年。人的年龄整体可区分为三个阶段：少、壮、老。

2.血气。血气是人的生命的基本要素。随着人的年龄的变化，血气也会发生变化：未定、方刚和衰竭。身体血气的变化也会影响到欲望的变化。

3.戒。人在根本上是要以道制欲。少戒色，壮戒斗，老戒得。

孔子曰："君子有三畏：畏天命，畏大人，畏圣人之言。小人不知天命而不畏也，狎〔1〕大人，侮圣人之言。"

——《论语·季氏篇第十六》

注释

〔1〕狎：轻视，轻辱。

译文

孔子说："君子有三种敬畏的事情：敬畏天命，敬畏大人，敬畏圣人之言。小人不知天命而不敬畏，轻视大人，侮辱圣人之言。"

解析

1.天命。此为天的命令和人的命运，即天道。

2.大人。此为王公和位高之人，即替天行道者。

3.圣人之言。圣人代天立言。故圣人之言虽为人言，但为天言。

4.君子、小人。他们的差别在此表现为对于天命、大人和圣人之言敬畏与否。

子曰："性〔1〕相近也，习〔2〕相远也。"

——《论语·阳货篇第十七》

注释

〔1〕性：本性。

〔2〕习：习惯。

译文

孔子说："人性本来相近，但习俗使之相远。"

解析

1.性。此为人之本性。人的本性是相似的。但人的本性为何？它主要有如下几种可能：第一，性非恶非善；第二，性亦恶亦善；第三，性善；第四，性恶。按孔子的观点，人性是善的。这是因为仁是人的本性的基本规定。仁就是善。

2.习。此为习惯，是人在世界中的活动。习惯包括了如下几个要素：第一，已经给予的社会和自然环境；第二，共在的人与物；第三，人自身的活动。人的习惯导致了善恶之分和君子小人之别。

性与习的差异形成了先天和后天一系列的差异。

子曰："予〔1〕欲无言。"子贡曰："子如不言，则小子何述焉?"子曰："天何言哉? 四时行焉，百物生焉。天何言哉?"

——《论语·阳货篇第十七》

注释

〔1〕予：我。

译文

孔子说："我欲无言。"子贡说："你如果不言说的话，那么我们传述什么呢?"孔子说："天言说了什么呢? 四时运行，百物生长。天言说了什么呢?"

解析

1.我欲无言。我欲由言说转向无言。言何? 言道。不言何? 不言道。我不言说的原因是多重的：第一，所言之道未能实现；第二，道不可言说；第三，天本身无言。

2.小子何述。老师不言道，学生无闻道，也无法传道。

3.天何言哉。天不言说，但自身显现。它让四时运行，百物生长。圣人不言，亦复如是。

孔子曰："不知命，无以为君子也；不知礼，无以立也；不知言〔1〕，无以知人也。"

——《论语·尧曰篇第二十》

注释

〔1〕知言：知道他人言说的意义。

译文

孔子说："不知道命运，就不可能成为君子；不知道礼制，就不可能树立自己；不知道言语，就不可能知道他人。"

解析

1.知命。此为知天道。命是天的命令。它规定了人的命运。此命运幽明隐显。人知命，然后立命，自己把握自己的命运。

2.知礼。此为知人道。礼是天人秩序，是人的游戏规则。在礼中，人实现自己的命运。

3.知言。此为知他人。人知道语言的是非、善恶和美丑，并由此知道人的是非、善恶和美丑。唯有如此，人才能建立我与他人的关系，共同生活在这个世界之中。

4.三知。此三知包括了知天道（命）、知人道（礼）和知他人（言）。这也就是知道人所在的世界整体的存在真相和真理。唯有知，才能行。同时，不仅知，而且行。人依天道而行，依人道而行，与他人共同而行。从而，天人相交，天人共在。这就是仁的完美实现。

第三篇

尽心知天

《孟子》记述了孟子的主要思想，蕴含着丰富的尽心知天思想。孟子是孔子思想的继承者，他弘扬了儒家的基本学说。

不违农时，谷不可胜食也；数罟〔1〕不入洿池〔2〕，鱼鳖不可胜食也；斧斤以时入山林，材木不可胜用也。谷与鱼鳖不可胜食，材木不可胜用，是使民养生丧死无憾也。养生丧死无憾，王道之始也。

——《孟子·梁惠王上》第三章

注释

〔1〕数罟：细密的渔网。

〔2〕洿池：大池。

译文

如果不违背农作的时机的话，那么谷物就吃不完了；如果细密的渔网不去水池捕鱼的话，那么鱼鳖就吃不完了；如果斧头根据时令去砍伐山林的话，那么木材就用不完了。如果谷物和鱼鳖吃不完，木材用不完的话，那么这样就会使人民生死无憾了。人民生死无憾，正是王道的开始。

解析

1.王道的根本在于让人民生死无憾，也就是满足人们基本的生存需要。这种需要无非是吃与住等人类的本能性的欲望。欲望的满足依赖于生产，也就是种植和养殖。这里关键性的问题是，人们要尊重天地万物的生长规律，而不能违背它，破坏它。

2.当人的种植、渔猎和伐木等活动恪守万物自身生长和死亡的边界，那么他就能够获得万物丰硕的馈赠。由此他就可以获得衣食住行，而生死无憾。这种让人遵天而行的治国道路就是王道。

我善养吾浩然〔1〕之气。

其为气也，至大至刚，以直养而无害，则塞于天地之间。

其为气也，配义与道；无是，馁也。是集义所生者，非义袭而取之也。

——《孟子·公孙丑上》第二章

注释

〔1〕浩然：盛大流行。

译文

我善于培养我的浩然之气。

这种浩然之气极其伟大、极其刚强，用正直来培养它，而不伤害它，它就会充塞天地之间。这种气必须配合大道和正义；如果没有大道和正义，这种气就无力了。这种气是正义聚集而生发出来的，并非它偶然为之而能成的。

解析

1. 人们一般将人的生命分为精、气、神。精是人的精微物质。气则包括了人的先天之气和后天之气，它推动了人的生命的运行。神则是人的神志，亦即人的心灵。

2. 这里所谓的浩然之气是种伟大之气。它不是人的先天之气，而是人的后天之气。它需要人们不断去培养。但它不仅是人的生理之气，而且也是人的心理之气。它由人的心灵所生发出来的，具体而言，是由大道和正义不断聚集而生发出来的。

道法自然 天人合一

99

祸福无不自己求之者。《诗》[1]云："永言配命。自求多福。"
《太甲》[2]曰："天作孽，犹可违；自作孽，不可活。"此之谓也。

——《孟子·公孙丑上》第四章

注释

[1]《诗》：《诗经》。

[2]《太甲》：《尚书》篇名。

译文

祸福没有一个不是自己求来的。《诗经》说："我们永远要配合天命，自求更多的幸福。"《尚书》的《太甲》也说："天作孽的话，人还可以违抗它，但人自己作孽的话，就不可活命了。"正是说的这个意思。

解析

人生在世除了一般的平常生活之外，都会遇到福祸。它们是人存在的两种相反的命运。福有利于人，祸有害于人。福祸的原因虽然多种多样，但不过是天与人两种。有些是天降福祸，有些是人造福祸。其中天是次要的，人是主要的。这在于人是否配合天命。人可以接受或者拒绝天给的福祸。同时，人能自主地给自己带来幸运或者厄运。

人皆有不忍人之心。

由是观之，无恻隐[1]之心，非人也；无羞恶之心，非人也；无辞让之心，非人也；无是非之心，非人也。恻隐之心，仁之端也；羞恶之心，义之端也；辞让之心，礼之端也；是非之心，智之端也。人之有是四端也，犹其有四体也。有是四端而自谓不能者，自贼者也；谓其君不能者，贼其君者也。凡有四端于我者，知皆扩而充之矣，若火之始然，泉之始达。苟能充之，足以保四海；苟不充之，不足以事父母。

——《孟子·公孙丑上》第六章

注释

〔1〕恻隐：哀痛，同情。

译文

每个人对于他人都有不忍硬的心。

由此看来，一个人如果没有同情之心，他就不是人；没有羞耻之心，他就不是人；没有谦让之心，他就不是人；没有是非之心，他就不是人。同情之心是仁的开端；羞耻之心是义的开端；谦让之心是礼的开端；是非之心是智的开端。人有这四种开端，就好像人有四肢一样。有这四端而认为自己无此能力的人，是贼害自己的人；认为他的君主无此能力的人，是贼害他的君主。凡有此四端在己的人，都知道扩充它们，正如火开始燃烧，泉开始流达。如果扩充它的话，那么人足以保定四海；如果不扩充它的话，那么人不足以侍奉父母。

|解析|

1.什么是不忍人之心？孟子从人有共同的感觉而推论出人有共同的心灵。心灵和感觉虽然不同，但具有相似性。既然人有共同的感觉，那么也会有共同的心灵。人都拥有一个同一能思考的心，同时，人都拥有一个同一的思考物。人心的同一之处并非其他，而是对于同一理义的热爱和追求。人天生和自然地拥有这样一颗心。但在现实生活中，人们往往会丧失它。忍人之心就是人克制、压抑和阻碍了这样的心灵，它是对于他人的漠视与毫不关心，因此，是残忍的、毒酷的。虽然忍人之心是对于本原之心的遮蔽和覆盖，但在现实世界中却是首先出现并且是普遍的。于是，在世界上到处充满了仇恨、战争和屠杀。所谓春秋无义战便是如此。在这样的意义上，不忍人之心便是对于忍人之心的否定，并且是朝向人的本心的回归，是本心自身的直接呈现。不忍人之心作为人的本心就是人本身具有的和他人相同和相通的心。

2.孟子将不忍人之心直接表达为恻隐之心。它是人对于他人的境遇尤其是苦难产生的同情心以及在此基础上生发的对于他人的帮助之心。孟子特别援引了一个例子：人对于一个将陷于生命危险之中的儿童所产生的同情心。这种同情心之所以产生，并不是因为种种外在的原因，如与儿童父母的的交情、在所处社会上的名声、对于儿童惊呼声的厌恶，而是因为一个唯一的内在的原因，亦即同情。当人设身处地地如同儿童一样自身感受到危险而且需要得到帮助的时候，他就会同情这个儿童。同情之心设定了人与人的心灵不仅是相同的，而且是相通的。当然，同情者与被同情者之间还存在一定的差异。一般而言。同情者和被同情者是主爱和被爱的关系。前者是主动的，后者是被动的；前者是强者，后者是弱者。但正是在被同情者呼唤同情的时候，同情者的同情心被惊醒了。在这种时刻，一个人就必须生发他的同情之心。孟子认为，作为同情之心的恻隐之心是每一个人都本来就具有的。他甚至非常极端地说，只有当人拥有恻隐之心的时候，他才是人，否则便不是人。

3. 人心除了恻隐之心之外，还有羞恶之心。羞恶什么？羞恶丑恶的东西。恶相对于善。善是好的，恶是坏的。善恶的区分是人的心灵的基本的能力。这种区分还表现为心灵的意向，也就是向善避恶。孟子将此表述为羞恶，也就是羞耻。耻是人对于善恶的界限的意识。当人保持在善恶的界限之内，他就是有耻的；当人越出善恶的界限之外，他就是无耻的。所谓羞恶之心就是人的心灵所具有的一种能力，它警戒人们不要越过善恶的界限之外而保持在界限之内。因此，它是人对于自身心灵的约束。

4. 人还有辞让之心。辞让是人对于自身权利的辞让。人虽然对某种事情拥有权利，但他却放弃了它。不仅如此，他还将此权利转让给他人。这虽然表现于一般的人际关系之中，但主要表现在上下关系之中，如父子、兄弟等。在这种关系中，人与人之间本身就被安排了先后的次序。辞让之心不过是否定了自身的优先权，而肯定了这一次序的规定性。辞让之心就放弃而言，它是谦卑的、温顺的；就转让而言，它是恭敬的、大度的。

5. 人还有是非之心。是与非意味着真和假、对与错。是与非不仅关涉到一般的认识领域，而且还关涉到道德领域。人的心灵对于事物判断出是与非也不仅是一个思想问题，而且也是一个行动问题。这也就是说，当人区分出事物的是与非的时候，他也作出了选择和决定，亦即放弃错误的道路，行走真理的道路。

6. 孟子所说的恻隐之心、羞恶之心、辞让之心和是非之心构成了心的四个方面。但为何只有这四个心？而不多不少？孟子认为这如同人有四体或者四端一样，是天生的，是自然给予的，是无法追问其理由的。显然，孟子在此将心灵与身体进行了比附，将心灵的结构身体化了。但这是一个什么样的结构？人们很难将它们区分为手与脚，更不用说进一步区分为左右手和左右脚了。这样一种结构也不同于一般流行的知意情三分法。如果按照这种区分的话，那么心灵的结构将被分为认识、意志和情感三个方面。事实上，孟子的四心说不能简单地归属于知意情。不过，孟子的四心说在总体上显示出了一种道德心灵的特点。所谓的认识和情感都是被道德所规定的。因此，认识成为了道德化的认识，情感成为了道德化的情感。与此同时，道德也成为了认识性的道德和情感化的道德。这一切又集中到不忍人之心，也就是恻隐之心。它既是道德的，这在于它是对于他人的关心；也是情感的，这在于它是对于他人的一种同情感；同时也是认识的，这在于它也是对于他人的一种判断。

7.孟子的四端不仅意味着人的心灵有如身体的四肢一样有四个分支，而且还意味着心灵自身有四个开端。开端是事物的起源、萌芽和开始。它对于事物的整体是重要的。这在于没有开端，事物就没有发展和完成；只有开端，事物才有发展和完成。人必须承认自己和他人已经拥有了这一心灵的开端。但人拥有了心灵的四端，并不意味着人已经拥有了心灵的整体，而是意味着人具有走向心灵完善的可能性。当一个事物只是具有可能性的时候，它也具有不可能性，也就是它可能没有这种可能性。这就包括了另一种可能性，亦即心灵完善的不可能性。当人们否认和放弃心灵的四端时，他就遏止了心灵的萌芽。于是，有些人将四端显示出来了，而有些人将四端遮蔽了。故孟子强调，人要扩充本心。四端只是心灵的开端，人们必须将它们扩而充之，使之成为发展了的且完成了的心灵。

夫仁，天之尊爵〔1〕也，人之安宅也。莫之御而不仁，是不智也。不仁不智，无礼无义，人役也。人役而耻为役，由弓人而耻为弓，矢人而耻为矢也。如耻之，莫如为仁。仁者如射：射者正己而后发；发而不中，不怨胜己者，反求诸己而已矣。

——《孟子·公孙丑上》第七章

注释

〔1〕尊爵：尊贵的爵位、等级。

译文

仁是天尊贵的爵位，是人安全的住宅。人没有被任何人阻止为仁却不仁，这表明他没有智慧。不仁不智，无礼无义，这人就是人的奴役。人作为奴役而耻为奴役，如同造弓的以造弓为耻，造箭的以造箭为耻。如果人以当奴役为耻，那就不如为仁。仁者如射者。射者先要端正自己的身心然后才去射箭；如果射箭不中，那么不能埋怨那胜过自己的人，而要反躬自问。

解析

1.仁是人的天性。这就是说，只要人是人的时候，他就会为仁。当人为仁的时候，他就是生活在自己安全的家园里。这不仅是仁，而且也是智。

2.但若人不受他人的阻挠而不行仁，这就意味着人不是自己的主人，而是他人的奴役。人作为奴役当然是令人羞耻的。如果人耻于作为奴役的话，那么他不如去为仁。为仁才是人的本

道法自然　天人合一

105

性，也才是人的正道。

　　3.是否为仁关键在于自己，而不是他人。这就是说，为仁的根源是人自己，不为仁的根源也是人自己。

夫天未欲平治天下也；如欲平治天下，当今之世，舍我其谁也？吾何为不豫〔1〕哉？

——《孟子·公孙丑下》第十三章

注释

〔1〕豫：快乐。

译文

天是不想平治天下罢了；假如天想平治天下，当今之世界，舍除我还有谁呢？我为什么不快乐呢？

解析

平治天下而让天下太平，这既依赖于人的意愿和能力，也依赖于天的意愿和能力。这就是说，平治天下决定于天时、地利和人和。孟子认为，如天要平治天下，人必定是他自身。这在于他是领受天命的替天行道者。他能如此作为是一种天命的完成。这当然让他快乐。

道法自然　天人合一

居天下之广居〔1〕，立天下之正位〔2〕，行天下之大道〔3〕。得志，与民由之；不得志，独行其道。富贵不能淫，贫贱不能移，威武不能屈，此之谓大丈夫。

——《孟子·滕文公下》第二章

注释

〔1〕广居：广大的居所，即仁。

〔2〕正位：正确的位置，即礼。

〔3〕大道：伟大的道路，即义。

译文

居住在天下广大的居所，即仁；站立在天下正确的位置，即礼；行走在天下伟大的道路，即义。人得志的时候，与人同行大道；不得志的时候，自己独行大道。富贵不能泛滥其心，贫贱不能改变其志，威武不能屈服其节，这种人才是大丈夫。

解析

一个大丈夫也就是一个真正的人，他居住、站立和行走都是被仁、礼和义所规定的。这就是说，他的存在、思想和语言都是遵天道而行。无论得志还是不得志，他都行走在大道之中。特别是外在的遭遇可能改变自身的时候，人依然恪守大道不变。

爱人不亲，反〔1〕其仁；治人不治，反其智；礼人不答，反其敬。行有不得者，皆反求诸己。其身正，而天下归之。

——《孟子·离娄上》第四章

注释

〔1〕反：反身，反问。

译文

如果我爱他人，他人却不亲近我，那么我要反问我的仁爱如何；如果我治理他人，他人却没被治理，那么我要反问我的智慧如何；如果我礼让他人，他人却不回应，那么我要反问我的恭敬如何。凡是我的行为没有得到预期效果的，我都要反躬自问。只要我自身端正了，天下之人都会归向我自己。

解析

在世界上，人我关系是最重要的关系之一。我对于他人可能是非仁、非智和非礼的，也可能是有仁、有智和有礼的。他人对于我可能是非仁、非智和非礼的，也可能是有仁、有智和有礼的。但无论如何，我都要坚守仁、智和礼。即使我的仁、智和礼没有得到相应的回应，我也不能归咎于他人，而要归咎于自身。这就是说自己的仁、智和礼还不够真诚。唯有真诚，才能感人。因此在人我关系之中，我是规定性的。

道法自然　天人合一

109

自暴〔1〕者不可与有言也，自弃〔2〕者不可与有为也。言非礼义，谓之自暴也；吾身不能居仁由义，谓之自弃也。仁，人之安宅也；义，人之正路也。旷安宅而弗居，舍正路而不由，哀哉！

——《孟子·离娄上》第十章

 注释 |

〔1〕暴：残害。

〔2〕弃：弃绝。

| 译文 |

自己残害自己的人，不可与他谈有意义的言语；自己弃绝自己的人，不可与他行有意义的作为。言语非议礼义，就是自己残害自己；自身不能居住于仁，行走于义，就是自己弃绝自己。仁是人安全的住宅；义是人正确的道路。空余安全的住宅而不居住，舍弃正确的道路而不行走，可悲呀！

| 解析 |

仁义是人的天性。仁是人的安宅，义是人的正路。人顺天而行，就自有仁义。但现实中人会自暴自弃，远离仁义。因此真正的问题是，人要觉悟自己，回归到自己的仁义的天性之中。

诚〔1〕者，天之道也；思诚者，人之道也。至诚而不动者，未之有也；不诚，未有能动者也。

——《孟子·离娄上》第十二章

｜注释｜

〔1〕诚：真诚。

｜译文｜

真诚，是天之道；追求真诚，是人之道。极端真诚而不能感动他人的，这是没有的事情；但不真诚，这是不能感动他人。

｜解析｜

真诚是贯穿天人、人我的根本。一方面，天之道自身是真诚的。这就是说天是自身，而不是它之外的。另一方面，人之道是追求真诚的。他要思考并践行真诚，亦即人与世界的真理。这是天人关系。而人我关系也是建立在真诚的基础上。有真诚才能感动人，无真诚无以感动人。

大人者，不失其赤子〔1〕之心者也。

——《孟子·离娄下》第十二章

注释

〔1〕赤子：婴儿。

译文

所谓大人就是那些没有丧失婴儿之心的人。

解析

人生百年，从生到死可以分为几个阶段。赤子作为婴儿是人的开端，而大人一般是成人，处于人的中壮年时期。一般而言，婴儿之心纯洁无邪，成人之心则多被污染，充满私欲和计谋。当一个成人能去掉自身的复杂多样之心而保持天真之心，则能接纳天道。一个被大道充满的人当然就是一个真正意义上的大人。

人之所以异于禽兽者几希〔1〕。庶民去之，君子存之。舜明于庶物，察于人伦，由仁义行，非行仁义也。

——《孟子·离娄下》第十九章

注释

〔1〕几希：甚少。

译文

人和动物的区分之处甚少。常人去掉了它，但君子保存了它。舜帝明白事物的道理，洞察人类的伦理，于是遵从仁义而行走，而不是运用仁义作工具。

解析

1. 人虽然也属于动物，但人不同于其他一般的动物。人与动物的区分实际上非常明显，但在本能上却有许多类似之处，如吃、喝、性行为等。孟子认为，人与动物的区分之处实际上在于仁义。人类有仁义，而动物没有。因此人与动物的区分之处甚少。

2. 人不仅与动物相区分，而且与自身相区分。当人丧失了仁义，他就是小人；当人保持了仁义，他就是君子。鉴于此，仁义不仅是人与动物相区分的边界，而且也是君子与小人相区分的边界。

3. 仁义是大道，而不是工具。当仁义是大道时，它就规定了人，指引了人，人遵道而行。但仁义是工具时，它被人所规定，既可以被人所利用，也可以被人所抛弃。

道法自然　天人合一

113

君子所以异于人者，以其存心也。君子以仁存心，以礼存心。仁者爱人，有礼者敬人。爱人者，人恒爱之；敬人者，人恒敬之。有人于此，其待我以横逆[1]，则君子必自反也：我必不仁也，必无礼也，此物奚宜至哉？其自反而仁矣，自反而有礼矣，其横逆由是也，君子必自反也：我必不忠。自反而忠矣，其横逆由是也，君子曰："此亦妄人也已矣！如此则与禽兽奚择[2]哉？于禽兽又何难[3]焉？"是故君子有终身之忧，无一朝之患也。乃若所忧则有之：舜，人也；我，亦人也；舜为法于天下，可传于后世，我由未免为乡人也，是则可忧也。忧之如何？如舜而已矣。若夫君子所患则亡矣。非仁无为也，非礼无行也。如有一朝之患，则君子不患矣。

——《孟子·离娄下》第二十八章

注释

〔1〕横逆：强暴而不顺理。

〔2〕择：择别，区分。

〔3〕难：责难。

译文

君子区别于常人之处是他的存心。君子存心于仁，存心于礼。仁爱者爱他人，有礼者敬他人。爱他人的人，他人也常爱他；敬他人的人，他人也常敬他。如果这里有人对我蛮横无理，那么君子就要反躬自问：我必定是不仁，必定是无礼，否则事情怎会到达这个地步呢？人反躬自问后有仁有礼了，他人还是蛮横无理，君子再必反躬自问，我必然是不忠。人反躬自问后忠诚了，他人还是横蛮无理，君子就会说："这个人只不过是狂人罢了，既然如此的话，他与禽兽有何差别？对于禽兽又有何责难？"因此君子有终生的忧虑，没有一时的痛苦。这样的忧虑是有的：舜是人，我也是人。舜成为天下的法则，可传于后世。我仍然不免为常人，这才是值得忧虑的事情。忧虑后如何？唯有效法舜。至于君子的痛苦则没有了。非仁不去作为，非礼不去行动。即使有一时的痛苦，君子也不以为痛苦。

解析

1.君子区别常人的地方是他存有仁礼之心。仁礼之心是人天生就有的，并非是后天获得的。常人丧失了它，但君子保存了它。

2.人我关系是双边的和互动的关系。爱他人的人，也会被他人所爱。敬他人的人，也会被他人所敬。当然也会出现反常的情形，爱他人，却不为他人所爱；敬他人，却不为他人所敬。遇到这种情景的时候，孟子认为人首先要从自身找原因，即我的仁和礼是否是仁和礼？当我做到了仁和礼的时候，他人依然不对我仁和礼。此时人还是要回到自身，即我是否真正地做到了仁和礼？当我真正地做到了仁和礼的时候，他人依然不对我仁和礼，此时就可以排除自身的原因，而寻找他人的原因了。他人不是君子，而是小人；甚至可以说，他人不是人，而是动物。对于动物，人何必去指责他呢？

3.君子只有终生的忧虑，而没有一时的痛苦。这在于：君子只有关于大道是否实现的忧虑，而没有关于欲望是否满足的痛苦。

恻隐之心，人皆有之。羞恶之心，人皆有之。恭敬之心，人皆有之。是非之心，人皆有之。恻隐之心，仁也。羞恶之心，义也。恭敬之心，礼也。是非之心，智也。仁、义、礼、智，非由外铄〔1〕我也，我固有之也，弗思〔2〕耳矣。

——《孟子·告子上》第六章

注释

〔1〕外铄：外授。

〔2〕思：思索。

译文

同情之心，人皆有之。羞耻之心，人皆有之。恭敬之心，人皆有之。是非之心，人皆有之。同情之心就是仁。羞耻之心就是义。恭敬之心就是礼。是非之心就是智。仁、义、礼、智四者，并非是由外授予我的，而是我内在固有的，只是没有思索它罢了。

解析

1. 人皆有同情之心、羞耻之心、恭敬之心、是非之心。这在于，此四心是人作为人的基本规定。它不仅是人区分于动物的标志，而且也是君子区分于小人的尺度。

2. 同情之心、羞耻之心、恭敬之心、是非之心是仁、义、礼、智的开端，仁、义、礼、智是同情之心、羞耻之心、恭敬之心、是非之心的完成。

3. 仁、义、礼、智的本源不是外在的，而是内在的。

口之于味也，有同耆焉。耳之于声也，有同听焉。目之于色也，有同美焉。至于心，独无所同然乎？心之所同然者何也？谓理也，义也。圣人先得我心之所同然耳。故理、义之悦我心，犹刍豢〔1〕之悦我口。

——《孟子·告子上》第七章

注释

〔1〕刍豢：刍是食草的牛羊，豢是食谷的猪狗。

译文

口舌对于味道有相同的嗜好。耳朵对于声音有相同的听觉。眼睛对于色彩有相同的美感。至于心，就独独没有所同的事情吗？心之所同的事情是什么？它们就是理和义。圣人早就懂得了我们心之所同的事情了。因此，理、义取悦于我的心，正如肉食取悦于我的口。

解析

1.虽然每个人的感官是个体性的，但会有同感。一方面，不同的人们会喜爱同一的感觉物；另一方面，同一感觉物会给不同的人们带来相同的感觉。

2.不仅人的感觉有同好，而且人的心灵也有同好。这就是说，不同的人的心灵所好之物是同一的。孟子认为，人的心灵的所好之物不是其他事物，而就是理和义。

3.正如物质能给人的肉体带来快乐一样，理和义也能给人的精神带来快乐。

道法自然　天人合一

鱼，我所欲也；熊掌，亦我所欲也。二者不可得兼〔1〕，舍
鱼而取熊掌者也。生亦我所欲也，义亦我所欲也。二者不可得
兼，舍生而取义者也。

——《孟子·告子上》第十章

注释

〔1〕得兼：兼得。

译文

　　鱼是我所欲求的，熊掌也是我所欲求的。假如二者不可同时拥
有的话，那么我舍弃鱼而获取熊掌。生命是我所欲求的，大义也是
我所欲求的。假如二者不可同时拥有的话，那么我就应该舍弃生命
而获取大义。

解析

　　人选择二者之一，这需要几个步骤。首先是区分，其次是比
较，最后是决定，亦即选择什么或不选择什么。选择的基本原则当
然是择优而选。就食物而言，熊掌优于鱼，因此人们选择熊掌。就
人生而言，大义超过生命，因此君子选择大义。

仁，人心也；义，人路也。舍其路而弗由，放其心而不知求，哀哉！人有鸡犬放[1]，则知求之；有放心而不知求。学问之道无他，求其放心而已矣。

——《孟子·告子上》第十一章

注释

〔1〕放：放弃，丢失。

译文

仁是人心。义是人路。舍弃其正路而不行走，放弃其良心而不知寻求，可悲呀！人有鸡犬丢失，便知道寻求它；有丢失的良心而不知道寻求。学问之道没有其他的事情，只是寻求其丢失的良心罢了。

解析

仁义是人的本心，但人们会丧失它。一般的人没有意识到自己丧失了本心而不去寻求它。因此根本的问题在于，人要寻求到人丧失的本心。

道法自然　天人合一

耳目之官〔1〕，不思而蔽于物。物交物，则引之而已矣。心之官则思，思则得之，不思则不得也。此天之所与我者。先立乎其大者，则其小者不能夺也。此为大人而已矣。

——《孟子·告子上》第十五章

▎注释▎

〔1〕官：器官，官能。

▎译文▎

耳朵眼睛的官能，不会思考而蔽于外物。一个物交接于另外一个物，就会被牵引。心的官能则是思考，思考则有所得，不思考则无所得。这是天赠与我们人类的。如果先确立心的官能这样的大者，那么耳朵和眼睛的官能等小者就不能夺走它了。这样就成为了大人。

▎解析▎

人的五官作为人自身的物和不同的外物交接，由此形成了不同的感觉。但心灵自身不是一个物，它所思考的不仅可以是某一个物，而且也可以是天下万物。此外更重要的是，心所具有的天性就是仁义。它成为了人生存于世界之中的根本。因此，作为一个大人或者君子首先确立的是心，而不是身体的官能。

故天将降大任于是人也，必先苦其心志，劳其筋骨，饿其体肤，空乏其身，行拂乱其所为，所以动心忍性[1]，曾益其所不能。人恒过，然后能改。困于心，衡[2]于虑，而后作。征于色，发于声，而后喻。入则无法家拂士，出则无敌国外患者，国恒亡。然后知生于忧患而死于安乐也。

——《孟子·告子下》第十五章

注释

〔1〕忍性：坚忍其性。

〔2〕衡：横塞。

译文

因此天将降大任于这个人身上，必先使其心志痛苦，使其筋骨疲劳，使其体肤饥饿，使其身体空乏，使其所作所为不能如愿，以此让他震动其心，坚忍其性，增加其所不能而获得能。人常常犯过错，然后才能改正。困住于心灵，横塞于思虑，而后才能作为。表征于面色，吐发于声音，而后才能理喻。入则无法度的大臣和辅佐的士人，出则无敌国和外患，这样的国家一定会灭亡。这样就可以知道生于忧患而死于安乐了。

解析

1. 一个人，只有经历了苦难，才能成为一个大人。

2. 一个国家，只有抗拒内忧外患，才能成为一个强国。

道法自然　天人合一

121

尽其心者，知其性也。知其性，则知天矣。存其心，养其性，所以事天也。天寿不贰〔1〕，修身以俟之，所以立命也。

——《孟子·尽心上》第一章

注释

〔1〕不贰：不三心二意。

译文

穷尽人心，就知道人性。知道了人性，则知道了天命。保存人的本心，培养人的本性，以此来事奉天命。无论短命还是长寿，人都不能三心二意，修身以待天命，这就是立命。

解析

从心出发，去洞晓人性，由此也知道了天命。为什么？天命并不在外，而是在内。这就是说，天命就在人性和人心中。因此人要存心养性，而且要专注而持久。

求则得之，舍则失之，是〔1〕求有益于得也，求在我者也。求之有道，得之有命，是求无益于得也，求在外者也。

——《孟子·尽心上》第三章

注释

〔1〕是：这种。

译文

人探求，就会得到它；舍弃，就会失去。这种探求是有益于得到它的，这是因为探求之物存在于我之中。人探求它需要一定的道术，得到它需要确定的命运，这种探求是无益于得到它的，这是因为探求之物存在于我之外。

解析

这里区分了两种探求：一种是在人之内探求，一种是在人之外探求。前者所求是内心，后者所求是外物。前者由人自身决定，后者由他人或者他物决定。

道法自然 天人合一

万物皆备于我矣。反身而诚，乐莫大焉。强恕〔1〕而行，求仁莫近焉。

——《孟子·尽心上》第四章

┃注释┃

〔1〕强恕：强力宽恕。

┃译文┃

我自身具备万物的特性。人反身实现诚实，便能获得无限的快乐。人强力宽恕而行，就是走在求仁的最近的路上。

┃解析┃

1.人是万物之一，不同于人之外的其他万物。但人与万物共在，并与其交往。不过，孟子说万物皆备于我的根据在于，我作为人是心灵的存在。心则能思考万物，穷尽万物的本性。

2.正是因为人的心灵是人的存在的根本，所以人要反身而诚，亦即获得存在的真理或者真相。人由此知道人是谁，世界是什么。人的最大的快乐就是知晓并践行真理的快乐。

3.仁者爱人。人求仁的方式多种多样，或近或远，但力求对人宽恕是行仁最切近的道路。为什么？宽恕是容纳一个与自己不同的甚至是对立的他人。如果人能对于一个异己的人如此宽恕，当然就能仁爱同类了。

尊德乐义，则可以嚣嚣〔1〕矣。故士穷不失义，达不离道。穷不失义，故士得己〔2〕焉。达不离道，故民不失望焉。古之人得志，泽加于民；不得志，修身见于世。穷则独善其身，达则兼善天下。

——《孟子·尽心上》第九章

译文

尊崇德，喜爱义，那人就可以自得其乐了。因此士穷困时不失义，通达时不离道。穷困时不失义，因此士人能得到自己的本性。通达时不离道，因此人民不会失望。古代的人得志时恩泽施加于人民；不得志时修身表现于世人。穷困时则独善其身，通达时则兼善天下。

解析

1.道德仁义是人的立身之本。人能够行道德仁义，就能获得最大的快乐。

2.人的命运有穷有达时。但无论如何，人都不能背离道德仁义。

3.穷达有其差别。穷困时则独善其身，通达时则兼善天下。

道法自然　天人合一

人之所不学而能者，其良能[1]也；所不虑而知者，其良知[2]也。孩提之童，无不知爱其亲者；及其长也，无不知敬其兄也。亲亲，仁也；敬长，义也。无他，达之天下也。

——《孟子·尽心上》第十五章

注释

〔1〕良能：本然的能力，或者最好的能力。

〔2〕良知：本然的知识，或者最好的知识。

译文

人不学而能的就是良能；人不虑而知的就是良知。儿童从小没有不知道爱他的双亲的；等他成长了，没有不知道敬爱他的兄长的。亲爱双亲就是仁；敬爱兄长就是义。这没有其他的原因，这是因为它们通达天下。

解析

1.人有区分于动物的本能，而专属于自身的本能，也就是良能和良知。这些是人先天所固有的，而不是后天学来的。

2.仁和义是人的良能和良知。人天生就会亲亲，天生就会敬长。它们构成了仁与义的天然的基础。仁义的其他内容不过是这两者的扩大化而已。

君子有三乐，而王天下不与存焉。父母俱存，兄弟无故[1]，一乐也；仰不愧于天，俯不怍于人，二乐也；得天下英才而教育之，三乐也。君子有三乐，而王天下不与存焉。

——《孟子·尽心上》第二十章

注释

[1] 故：事故，灾难。

译文

君子有三种快乐，但以德王天下不包括在内。父母俱健在，兄弟无灾难，这是第一种快乐；仰头不愧于天，低头不愧于人，这是第二种快乐；得到天下英才而教育他们，这是第三种快乐。君子有三种快乐，而以德王天下不包括在内。

解析

1.第一种快乐是家庭幸福。父母健在，兄弟平安。

2.第二种快乐是立于世界。敬畏天地，仁爱他人。

3.第三种快乐是传道授业。广播大道，培养英才。

4.以德王天下为何不在君子三乐之中？这在于王天下已经不是一般的君子所为，而是天子之事。

道法自然　天人合一

君子所性，仁义礼智根于心，其生色也睟然〔1〕，见于面，盎于背，施于四体，四体不言而喻。

——《孟子·尽心上》第二十一章

注释

〔1〕睟然：清和的面色。

译文

君子所具有的本性是，仁义礼智扎根于心。他生发的气色是清和的，表现在脸面，显现于腰背，施行于四肢的动作。四肢的动作的意义，人们不言而喻。

解析

1.君子的本性完全保持了人的本性，亦即仁义礼智。

2.君子的本性不仅扎根于心，而且显现为形。这表现于人的身体的各个部分。

3.作为人的心灵表现，身体的动作是有意义的，也是能够被人所理解的。

口之于味也，目之于色也，耳之于声也，鼻之于臭〔1〕也，四肢之于安佚也，性也，有命焉，君子不谓性也。仁之于父子也，义之于君臣也，礼之于宾主也，智之于贤者也，圣人之于天道也，命也，有性焉，君子不谓命也。

——《孟子·尽心下》第二十四章

注释

〔1〕臭：气味。

译文

口舌对于味道，眼睛对于色彩，耳朵对于声音，鼻子对于气味，四肢对于安逸，这些虽然都是本性，但是能否实现却依赖于命运，因此君子不认为它们是本性。仁对于父子，义对于君臣，礼对于宾主，智对于贤者，圣人对于天道，这些虽然都依赖于命运，但也是本性的实现，因此君子不认为它们是命运。

解析

1. 人的身体和道德的完全实现其实在于内外两种要素：一种是本性，这是内在的；另一种是命运，这是外在的。

2. 身体的机能的实现虽然是本能的，但必须依赖于外物。因此它虽然是天性的要求，但需要命运的安排。

3. 道德的原则的实施虽然也是本能的，但主要建基于自身。因此它虽然需要命运的帮助，但主要是人的天性的完成。

道法自然 天人合一

可欲〔1〕之谓善。有诸己之谓信。充实之谓美。充实而有光辉之谓大。大而化之之谓圣。圣而不可知之之谓神。

——《孟子·尽心下》第二十五章

注释

〔1〕可欲：可欲求的。

译文

值得欲求的就是善。自己存有善就是信。善的充实就是美。善的充实而且显现光辉就是大。大而且能够生化就是圣。圣而且不可知就是神。

解析

1.善是可欲求的。人之所以欲求某物，是因为某物可以满足自己的欲望。因此某物是有利的，是好的。

2.信是信实。人真实地存有善就不是伪善，而是真善。

3.美是善的充实。这就是说，美是善的完全实现。

4.大是善的充实和光辉。这种善就不仅是美，而且是无限大，亦即崇高。

5.圣能通天地人，能生化万物。因此大而化之就是圣。

6.神是不可见的，也是不可知的。因此神是神秘的。

人皆有所不忍，达之于其所忍，仁也。人皆有所不为，达之于其所为，义也。人能充无欲害人之心，而仁不可胜用也。人能充无穿逾之心，而义不可胜用也。人能充无受尔汝〔1〕之实，无所往而不为义也。士未可以言而言，是以言餂〔2〕之也。可以言而不言，是以不言餂之也。是皆穿逾之类也。

——《孟子·尽心下》第三十一章

注释

〔1〕尔汝：尊长对于卑幼的指称。一般人使用则有轻视之意。

〔2〕餂：获取。

译文

人皆有所不忍的事情，把它扩充到他所忍的事情，这就是仁了。人皆有所不为的事情，把它扩充到他所为的事情，这就是义了。人能够扩充无欲害人之心，那么仁就不可胜用了。人能扩充无穿洞逾墙之心，那么义不就可胜用了。人能扩充无受轻视的言语的实情，那么就没有哪里是不会不为义了。士不能以言谈去和人言谈，这是用言语来获取他人的利益。士可以和人言谈而不去和他言谈，这是用不言来获得他人的利益。这些都是穿洞逾墙之类的行为。

解析

1.人皆有所不忍的事和所忍的事，也有所不为和所为的事。

2.仁是将所不忍之事扩充到所忍之事，义是将所不为之事扩充到所为之事。

养心莫善于寡欲。其为人也寡欲，虽有不存〔1〕焉者，寡矣。其为人也多欲，虽有存焉者，寡矣。

——《孟子·尽心下》第三十五章

▌注释▌

〔1〕存：保存，即保存的人的本心本性。

▌译文▌

人养心没有好于寡欲的了。他为人寡欲，虽然会不存有本心，但丧失的会很少。他为人多欲，虽然会存有本心，但保存的也会很少。

▌解析▌

1.人有本心和本性，也就是仁义礼智。但在现实生活中，君子存之，小人失之。

2.养心就是保存人的本心。但养心最好的办法是寡欲，也就是减少自己的欲望，让它保持在最小的范围内。

3.欲望是人的本能，是作为身体性的存在者的活动。但是欲望会牵引人的本心，并会使之丧失。这就是说，它会让人由仁义之人成为非仁义之人。因此，人必须反对多欲，实行寡欲。

第四篇

道法自然

《老子》又名《道德经》，为老子所著，蕴含着丰富的道法自然思想。老子是先秦伟大的道家思想者，他开创了中国的道家学派。

道可道，非常道；名可名，非常名。

无，名天地之始；有，名万物之母。

故常无，欲以观其妙〔1〕；常有，欲以观其徼〔2〕。

此两者，同出而异名，同谓之玄。玄之又玄，众妙之门。

——《老子·第一章》

注释

〔1〕妙：奥妙。

〔2〕徼：边界。

译文

凡是可以言说的道，就不是常道；凡是可以指称的名，就不是常名。

无指称天地的开始；有指称万物的母体。

因此，人常从无中去直观道的奥妙；常从有中去直观道的边界。

无和有这两者，它们具有同一的本源，但具有不同的名字，它们都是玄秘的。它们玄秘而又玄秘，是所有奥妙之物之门。

解析

在《道德经》八十一章中，第一章是最重要的。这在于它是老子思想的大纲。其结构包括了四个主要方面：常道、存在、思想和语言。

1.常道。道是老子思想的核心词。道在汉语中就是道路、路途。《说文解字》说：道，所行道也。一般人们把道路理解为已经存在的一个固定的线路，从此处延伸到彼处。人行走于其上，从出发点到达目的地。因此，道路只是人们行走的手段。

道路有多种形态。最早的道路是天然的道路。它是大地或者河流天然形成的，如田间小路、河岸等。除了天然道路之外还有人工的道路。人们在原野上开辟了道路，也就是从无道路的地方建设出一条道路来，如乡村公路和高速公路等。

但是，作为老子文本的核心词的道却并非一般人行走的道路，而是天地人的根本道路。道在此发生了语义的转变。它不是人开辟的道路，而是自身开辟的道路。这就是说，道是自身展开和运行的。如此理解的道路是事物的本性或真理。因此，道就不是一般现实的道路，而是常道。常既是平常，也是永远。于是，常道是平常和永远的道。因为道是最本源的，所以道规定了存在、思想和语言。

2. 存在：有与无。道自身显现为存在。只要道是道的话，道就是存在的，因此道是有。但有不是一个物，因此有就是无。但无并非是什么都没有，因此，无就是有。道的存在是有和无的同一。这就是说，它既是有，也是无。这也可以说，道既非有，也非无。这消除了人们从片面的有或片面的无去理解道。

如果说道是存在的话，那么天地万物则是存在者。道是天地万物的本源和开端，也就是老子所说的天地之母和万物之始。母和始是原因和基础的另一个说法。道使天地成为天地，使万物成为万物。天就是苍天，地就是大地。天地是万物之天地，万物是天地之万物。它包括了自然界整体，并可区分为矿物、植物、动物等。人生天地间。和万物一样，人也是一个物，只不过是一个特别的物。

3. 思想：观。思想是观。观是看。这里的观不是外在的眼睛之观，而是内在的心灵之观。但观本身需要区分。观可以区分为三种：盲目、意见和洞见。盲目对应无知，意见对应假知，洞见对应真知。观在此理解为洞见，而区分于盲目和意见。盲目不能看到物的本性或者没有看到物的本性；意见似是而非，它仿佛看到事物的本性，但实际上并没有看到事物的本性。洞见作为思想不是推理和论证，而是一种能直接看到事物本性也就是真理的能力。因此，观成为了直观。

如何观？老子提出要常无和常有。思想之所以要常有和常无，是因为道本身常有和常无。这就是说，人从道的本性亦即有和无的同一性来观察，来思想。人的思想要听从道自身。观到什么？人们从无可以洞见到奥妙，从有可以分辨出边界。妙是神奇、神秘，是有与无的生成和转化。道正是有与无的生成和转化，因此是妙中之妙。徼是边界，端倪。边界是一个事物的起点和终点。在边界处，一个事物与其他事物相区分并获得自身的规定。有与无之间的边界是所有边界中的最大的边界。此两者（有与无）同出于道，而有不同的名称，但都被称作玄。玄是黑色，暗淡无光，遮蔽自身，同时又显现自身，所以神秘。道自身既显现又遮蔽。它是一切神秘和奥妙之门，也就是有与无生成变化之门。门是事物开端和终结之处。它给人敞开了一条通道，不是人随便能打开和关闭的。人倒是要循此门或进或出。

4.语言：道和名。在汉语中，道至少具有两重语义。其一是道路，其二是言说。老子文本中道也有两重语义。其一是作为天地人本源的道，其二是人们的言说，也就是名。

老子的道虽然具有大道和语言两种语义，但两者不是同一的，而是分离的。大道不是语言，语言不是大道。

常道本身是作为无的有，因此是不可言说的。常道也是常名，因此是不可名的。反过来讲，语言是不可言说常道自身的。这就是说，名不可名常名。

　　尽管如此，人们还是要言说那不可言说的大道。但这如何可能？一方面人要借助语言，另一方面人又要拒绝、放弃语言。人之所以要借助语言，是因为不可言说的道并非沉默不语，而是隐藏在已言说的话语之中。不可言说的道在已言说中显示自己，或者是暗示自己。人之所以要拒绝语言，是因为语言已言说的指向那不可言说的。语言只是通往道本身的工具。一旦体悟到那不可言说的道时，人们就可以放弃语言的言说了。

　　在道与语言的关系上，我们可以看到老子思想中最朦胧的地方。当道不可言说时，道只是自然之道和天地之道；但当老子言说那不可言说的道时，道就成为了语言，道就开始自身言说。于是，自然之道和天地之道就转变成为语言之道。事实上，只有当自然之道和天地之道显示为语言之道时，道才能成为智慧的形态。这样，道就不是遮蔽于天地，而是显示于语言。事实上，道不是其他东西，而就是真理自身的言说。但老子并没有指明这一关键点。

　　在区分不可言说的常道和可言说的非常道中，老子还隐含地区分了道与无道。不可言说的道是道，而可言说的道是无道。与此相应，老子也隐含地区分了有道之人和无道之人。

　　道与无道的区分可以说是贯穿了老子文本的一条红线，它或隐或现地存在于《道德经》八十一章中。老子就是要显示大道，揭示无道，也就是去安求真。把握了道与无道的对立，也就把握了理解《道德经》秘密的钥匙。

道冲〔1〕，而用之或不盈。渊兮，似万物之宗；（挫其锐，解其纷，和其光，同其尘。）湛兮，似或存。吾不知谁之子，象帝之先。

——《老子·第四章》

注释

〔1〕冲：虚空。

译文

道自身是虚空的，但其作用却没有穷尽。它深渊无底啊，仿佛是万物的宗主；（锉掉锋芒，消解纷争，掩盖光芒，混同尘世）它幽深无边啊，似无又似有。我不知道它是何物的后代，它似乎存在于天帝的先前。

解析

1.道。老子在此对道的描述分为空间性和时间性两个方面。在空间上，道是空虚的、无底的、无边的。因为道本身是空虚的，所以它是无底无边的。如果说道自身有一个底和边的话，那么道自身就是底，就是边。它没有其他事物作为自己的底和边。在时间上，人们不知道道是何物之后，似在天帝之前。这实际上否定了上帝或者精神作为天地的开端，而确定了道就是天地的开端。道没有在前之物作为自己的开端，而是自己作为后来之物的开端。

2.有与无。道自身似乎是有，又似乎是无。这既否定了将道作为绝对的有，也否定了将道作为绝对的无。道是有和无的统一。道既是有，也是无；同时，道既非有，也非无。道的有无本性也意味着道既显现又遮蔽。

3. 道的描述。老子对于道本身的言说不是定义，而是描述。定义是对于一种事物的本质特征或一个概念的内涵和外延所做的确切表述。一般定义的方式是"种差＋属"，即把某一概念包含在它的属概念中，并揭示它与同一个属概念下其他种概念之间的差别。但道自身是最高的，它不能归于某一个属，因此它是不可定义的。老子对道的言说采用了描述。描述就是描写一个事情。它把事情的一般本性揭示出来，显示出来。老子关于道的描写没有使用人工语言，而是使用了自然语言。这些自然语言的形象是天地间自然呈现的事物。因为这些事物是感性的、形象的，所以自然语言也成为了形象语言。

天地不仁，以万物为刍狗〔1〕；圣人不仁，以百姓为刍狗。
天地之间，其犹橐龠〔2〕乎？虚而不屈，动而愈出。
多言数穷，不如守中。

——《老子·第五章》

注释

〔1〕刍狗：草扎的狗子。

〔2〕橐龠：风箱。

译文

天地无仁爱之心，把万物当成草扎的狗子，任其生灭；圣人无仁爱之心，把百姓当成草扎的狗子，任其生死。

天地之间，难道不像一个风箱吗？它空虚但不会穷尽，发动而更生出。

人们多言反倒加速了失败，不如人们恪守中心。

解析

1.不仁。仁是爱。爱是某物对于某物的爱。不仁则是不爱，不爱是某物对于某物的不爱。仁与不仁就是爱与不爱。拟人说认为，正如人有仁与不仁一样，天地也有仁与不仁。但老子认为，天地和圣人既非仁，也非不仁，而是超出了仁与不仁的对立。天地和圣人不仅反对一般意义的不仁，而且也反对一般意义的仁。这种超出了一般的仁与不仁的行为是大仁。天地是自然而然的，圣人也是自然而然的。作为如此，天地让万物自生自灭，圣人让百姓自在自为。

万物和百姓也自然而然，既不是某物的工具、手段，也不是某物的目的。

2.空虚。天地之间虽然是空虚的，但又是存在的。其存在性表现为生成。生成既不同于僵硬的自身同一，也不同于一般从某物到某物的变化。天地的生成既生成自身，也生成万物，且生生不息。这在于天地的空虚克服了有限性的存在，而形成了无限性的存在。因此，天地的生成不是有限的，而是无限的。

3.多言。言是人行为，多言就是妄为。它违反了自然之道，因此就会灭亡。只有去掉妄为，达到无为，人们才能长久。

谷神不死，是谓玄牝〔1〕。

玄牝之门，是谓天地根。

绵绵若存，用之不勤。

—— 《老子·第六章》

注释

〔1〕玄牝：神秘的母性生殖器。

译文

空谷是神奇的和永存的，它就是神秘的母体。

神秘的母体之门，它就是天地的根源。

它绵绵不绝，若无若有，其作用没有穷尽。

解析

1.空谷。老子把道本身比喻成谷。谷是山谷，处于两山之间。山体是实的，山谷是空的。空谷能无中生有，故是神奇的；它生生不息，故是不死和永远存在的。

2.玄牝。老子认为道如同空谷，而空谷又如同玄牝，也就是一个神秘的母性生殖器。为什么道不是如同一个雄性生殖器，而是如同一个母性生殖器？这在于不是雄性生殖器而是母性生殖器和空谷具有类似性。同时，雄性生殖器和生育只有间接关系，而母性生殖器和生育具有直接关系。子不是由父而是由母生育出来的。如果把道说成是玄牝的话，那么就可以说道是天地万物的根源。道与万物之间的关系仿佛是母子关系，道生育了天地万物。道的生育既不同

道法自然　天人合一

143

于神的创造，也不同于人的生产。神创造世界之后，神是神，世界是世界，他们彼此分离。人生产物品是对于物的改造和赋形。道生万物之后，它不是远离万物，而是贯通万物。

3. 不勤。不勤就是无限。无限是对于有限的克服，即没有有限。道的生育功能是无限的。它生而又生，无穷无尽。

4. 道的比喻。道是无，是不可见和不可言说的。山谷和玄牝是有，是可见和可言说的。老子用山谷和玄牝来描述道，就使不可见的变成可见的，使不可言说的变成可言说的。

天长地久。天地所以能长且久者，以其不自生〔1〕，故能长生。

是以圣人后其身而身先；外其身而身存。非以其无私邪？故能成其私。

——《老子·第七章》

注释

〔1〕自生：为了自身的生化。

译文

天长地久。天地之所以能长久，是因为它不是为了自己的存在，这才导致它能够长存。

因此圣人把自己放在后面，但反而能被放在前面；把自己置之度外，但反而能被保存自身。这难道不是因为圣人没有个人私心吗？因此这成全了圣人的个人存在。

解析

1.天地。天地是自然界整体，同时也是道的直接呈现。天地是永远存在的。它之所以永远存在，是因为不为自己存在。所谓天地不为自己存在就是没有私欲，没有为了实现私欲而去争夺和占有它物，反而它能包容万物，让万物生生不息。万物的生生不息正是天地的永远存在。

2.圣人。圣人之所以位尊于天地之间，是因为他不为自己存在。所谓圣人不为自己存在就是没有私欲，没有为了实现私欲而去

道法自然 天人合一

争夺和占有它物，反而他能与天地万物为一体，视天下民众为自己。圣人引导民众顺道而行，因此，民众推崇圣人。

3. 天地和圣人。天地提供规则，圣人遵守规则。这就是说，圣人是顺天地而行，依天地而言。

4. 无己和有己。这里存在一个悖论：无自己才有自己。反过来说，有自己便无自己。为何如此？无自己才能有自己。这在于无自己是顺应了自然之道，获得了存在的根源，于是会有自己。有自己便无自己。这在于有自己违反了自然之道，失去了存在的根源，于是便没自己。这里的悖论是有道和无道两种现象的对立。一方是有道，另一方是无道。无自己是无反自然之道的自己；有自己是有合自然之道的自己。

上善〔1〕若水。水善利万物而不争，处众人之所恶，故几于道。

居善地，心善渊，与善仁，言善信，政善治，事善能，动善时。

夫唯不争，故无尤。

——《老子·第八章》

注释

〔1〕上善：最高的善，亦即道。

译文

最高的善的本性如同水一样。水善于利养万物而不和它们争夺，处于人们所厌恶的地方，因此，它的本性是接近于道的。

人们居住要善于选择适宜的地方，思考要善于保持深默的状态，待人要善于秉持仁爱，言说要善于恪守诚信，为政要善于治理，做事要善于用能，行动要善于把握时机。

正是因为人们不去争夺，所以人们没有任何过错。

解析

1.水。老子用水的特性来比喻道的本性。水的基本特性是不争，也就是自然无为。一方面，水任自然，它给予万物，让其生长；另一方面，水无为。它自己是柔弱的、流向低处的。这正吻合道的特性。

2.善。善在此不是一般意义的善良，而是合于道的行为。道是最高的善。善的根本是自然无为，也就是任自然，不妄为。

3.人的善。人们要学习水如道的特性，并将它贯穿到自己的生活、思想和言说中去，这样才能善思、善言、善行。

居。居是居住。人生存在天地之间，也就是居住在天地之间。人的生存就是居住。人要选择一宜居的地方，也就是一和平安宁之地。

心。心是心灵。心灵要保持虚静、沉默、深沉。

与。与是交往。人与人交往要有仁爱之心。

言。言是言说。人的言说既要忠实事情本身，也要忠实自己的承诺。

政。政是为政。为政要无为而治。

事。事是做事。做事要发挥自己的能力，并合于事物的本性。

动。动是行动。行动要遵守事物发展的时机。

4.不争。争是妄为，故只能导致灾难；不争是合于自然，故不会有任何过错。

载营魄抱一，能无离乎？

专气致柔，能如婴儿乎？

涤除玄鉴，能无疵乎？

爱民治国，能无为乎？

天门开阖，能为雌乎？

明白四达，能无知乎？

生之畜之，生而不有，为而不恃，长而不宰，是谓玄德[1]。

——《老子·第十章》

注释

〔1〕玄德：神秘的德性。

译文

人们将身心统合抱道，能不分离吗？

人们集聚生命之气并达到柔和，能如同婴儿一样吗？

人们清洗心灵神秘的镜子，能没有任何瑕疵吗？

人们热爱民众治理国家，能无为而为吗？

人们用天生的感官去感知，能为雌守静吗？

人们明白四方万物，能不用知巧吗？

（人们生育万物，养育万物。人们生养万物但不占有它们，作为万物当不依赖它们，引导万物但不主宰它们。这就是神秘的德。）

解析

1.修己。本章主要说明人如何修炼自己，达到与道合一。这包括了许多方面：人与自身、人与社会、人与万物等。这是一个从内到外、由近到远的过程。

2. 人与自身。人是精气神的统一体。修己就是要练身、练气、练心。但在现实生活中，人的身心都遇到了障碍和遮蔽。因此，修己就要求人去除身气心的各种障碍和遮蔽，达到其纯净本性。针对现实中人的身心分离，人修己就要身心合一；针对现实中人的气散气强，人修己就要气聚气柔；针对现实中人的心灵污染，人修己就要洗涤心灵。只有当人实现身心合一、心气合一，心道合一，人才能成为一个有道的人。

3. 人与社会。人生活在社会之中，人必然和他人建立各种关系。对于社会，人要无爱而爱，无治而治。让民众自在生存，让国家自在发展。

4. 人与万物。人既生活在社会之中，也生活在天地之中，人作为一个特别的存在物和其他的存在物发生关联。但人要消除各种偏见或先见，以虚静的心灵体察万物并知晓其真理。

5. 无为。人的修炼主要是通过无为，也就是否定。为什么它需要否定？这是因为人首先生活在无道和非道之中。只有通过否定无道和非道，人才能达到道。只有为无为，才能任自然。

6. 玄德。玄德是神秘的德性。它在人身上就是神秘的人性。玄德意味着：在人与道的关系上，一方面，人要顺道而为，另一方面，不要违道妄为。在人与物的关系上，一方面，人要让万物生长，另一方面，要让自己隐身而去。

视之不见，名曰夷；听之不闻，名曰希；搏之不得，名曰微。此三者不可致诘，故混而为一。

其上不皎，其下不昧。绳绳〔1〕兮不可名，复归于无物。是谓无状之状，无物之象，是谓惚恍。迎之不见其首，随之不见其后。

执古之道，以御今之有。能知古始，是谓道纪。

——《老子·第十四章》

注释

〔1〕绳绳：连接不断，绵延不绝。

译文

那眼睛去看而看不到的，就叫做夷；那耳朵去听而听不到的，就叫做希；那手去摸而摸不着的，就叫做微。这三种情况是无法追究的，因此是混合为一的。

它上面不是光明的，它下面不是幽暗的。它绵延不绝，不可命名，复归于无物的本源状态。这就是没有形状的形状，没有物体的形象，这就是惚恍。如果迎接它的话，那么人们看不到它的前面；如果跟随它的话，那么人们看不到它的后面。

如果执有古老的道的话，那么人们就能够驾驭当今的万物。人们能够去知道古老的开端，这就是道的纲纪。

解析

1.道的感觉。夷是无色，希是无音，微是无形。道正是无色、无音和无形。这里指明道不可视，不可听，不可搏。这就是说，道是不可感觉的。

2. 道本身。老子按照一般物的存在特性揭示道在上、下、前、后四方的空间性。第一，它上面不是光明的；第二，它下面不是幽暗的；第三，人们看不到它的前面；第四，人们看不到它的后面。通过上下前后的描述，老子指出道没有一般物的存在的空间性。道不是一个物，甚至就是无。道之所以不可感觉，正是因为道本身不是一个物，不是一个可感觉的东西。

3. 人与道。人之所以要用道规定人和万物的存在，是因为道是人和万物的根本。用道规定人和万物的存在，就是让人和万物依道而行。

古之善为道者，微妙玄通[1]，深不可识。夫唯不可识，故强为之容：

豫兮若冬涉川；

犹兮若畏四邻；

俨兮其若客；

涣兮其若凌释；

敦兮其若朴；

旷兮其若谷；

浑兮其若浊；

（澹兮其若海；

飘兮若无止。）

孰能浊以静之徐清；

孰能安以动之徐生。

保此道者，不欲盈。夫唯不盈，故能弊而新成。

——《老子·第十五章》

注释

〔1〕微妙玄通：微妙的、幽通天道的。

译文

古代善于为道的人是微妙的、幽通天道的，深不可识。正是因为他不可识，所以我们勉强来描述他的形象：

他谨慎啊，如同冬天里过河；

他警惕啊，如同畏惧四周的人们；

他严肃啊，如同作为宾客；

他释怀啊，如同冰雪融化；

他敦厚啊，如同未经雕饰的木材；

他旷达啊，如同山中的峡谷；

他浑厚啊，如同混浊的水；

（他沉静啊，如同深邃的大海；

他飘逸啊，如同没有止境。）

谁能通过宁静使混浊慢慢变得清明；谁能通过活动使安宁慢慢变得生成？

保持这些道的人不会满足。正是因为不会满足，所以他能够去旧成新。

▌解析▌

1. 难识为道者。老子强调描述为道者的特性是困难的。为道者之所以难认识，是因为道是微妙的、幽深的。

2. 强言为道者。尽管为道者难以描述，但人还要描述他。一方面，用正面表达，为道者如同什么；另一方面，用反面表达，为道者不如同什么。老子用了很多形容词来说明为道者，而这些词描述了自然和生活中的形象。借助于这些形象，老子使为道者的神秘特性更加直观化。

3. 为道者。老子描述了为道者的许多特性。但这些可以分为两个方面：一方面是否定性的；另一方面是肯定性的。否定性的如：他谨慎啊，如同冬天里过河。这是因为人冬天里掉进河里容易冻死和淹死。他警惕啊，如同畏惧四周的人们。这是因为邻人是利益相关者，容易导致纷争和仇恨。他严肃啊，如同作为宾客。这是因为客人要遵守主人的规矩。肯定性的如：他释怀啊，如同冰雪融化。这说明他自由解放。他敦厚啊，如同未经雕饰的木材。这说明他纯真天然。他旷达啊，如同山中的峡谷。这说明他心灵空阔。他浑厚啊，如同混浊的水。这说明他本真自然。

4.天道。老子区分了两种存在的情形：浊与清、安与生。浊是混浊，清是清明，安是安宁，生是生发。人们如何由浊到清？如何由安到生？这需要通过一推动者：静与动。静是宁静，动是激动。静使浊变清。这在于混浊之水是动荡的，但当动荡之水宁静时，它便变得清明了。动使安变生。这在于安宁的状态是停滞的，但当停滞的状态激动时，它便能够生发了。其实，静和动就是道自身。道是有无的同一，道无为而无不为。这就是说，道既是静，也是动。不仅如此，道是静当中的最静者，它超过了天地间的一切静者；道也是动当中的最动者，它超过了天地间的一切动者。道是静与动的同一。动极生静；静极生动。如此循环往复，生生不已。但唯有一个合乎道本身的人才能作到静极与动极，从而使浊变清，使安变生。

致虚极，守静笃。

万物并作，吾以观复〔1〕。

夫物芸芸，各复归其根。归根曰静，静曰复命。复命曰常，知常曰明。不知常，妄作凶。

知常容，容乃公，公乃全，全乃天，天乃道，道乃久，没身不殆。

——《老子·第十六章》

注释

〔1〕观复：观察万物本性的复归。

译文

人们达到虚无要走向极致，恪守宁静要完全笃实。

万物一起生成，我在虚静中看到了它们的复归。

万物纷呈，但都回归到它们的根本。回归根本就是宁静，宁静就是回归本命。回归本命就是恒常。知道恒常就是明白。不知道恒常，就会妄作，就会带来灾难。

如果人知道恒常的话，那么他就会包容万物，包容就会大公，大公就会周全，周全就是天然，天然就是大道，大道就会永久，于是，人终身没有危殆。

解析

1.致虚守静。虚与实相对，是空，是无。静与躁相对，是安，是宁。致虚守静是使心灵达到虚静。人的心灵之所以要虚静，是因为心灵的本性就是虚静。但在现实中，人的心灵被外物所充满和所激动，并衍生出许多杂念，因此是不虚静的。于是，心灵的本性是被遮蔽的。一个被遮蔽了的心灵既无法看清自身的本性，也无法看清万物的本性。于是，万物的本性也是被遮蔽的。为了呈现心灵自身和万物自身，这就必须让心灵回到自身。致虚守静正是这样的一个过程。但致虚守静必须彻底、极端，也就是一心一意，全心全意，让心灵达到完全的虚静。

2. 观复。在人的虚静的心灵中，一方面，人将洞见到万物自身；另一方面，万物也将呈现自身。于是，万物从现象回到了自身的本性。回到自身的本性就是回到根本。根本是基础、根据。归根就是宁静。宁静就是和平、平安。万物回归根本就是居于自身，立于自身。复命是回到了万物的命根。因此复命也就是达到了永恒的道。

3. 知常。知常就是知道。人的心灵知道了永恒的道就是明白。这就是说，真正的明白是明道，也就是明白事物的真理。一旦人明道，人就会具有道的特性：包容、大公、周全、天然，并会与道合一，达到永恒。

唯〔1〕之与阿〔2〕，相去几何？善之与恶，相去若何？人之
所畏，不可不畏。荒兮，其未央哉！众人熙熙，如享太牢，如
春登台。我独泊兮，其未兆；沌沌兮，如婴儿之未孩；累累兮，
若无所归。众人皆有余，而我独若遗。我愚人之心也哉！俗人
昭昭，我独昏昏。俗人察察，我独闷闷。澹兮其若海，飘兮若
无止。众人皆有以，而我独顽且鄙。我独异于人，而贵食母。

——《老子·第二十章》

注释

〔1〕唯：应答的声音。

〔2〕阿：命令的声音。

译文

应答和命令的声音之间有多大差异？善良和丑恶之间有多少不
同？人们所畏惧的事情，我也不能不畏惧。

它何等辽阔遥远啊！无穷无尽！

众人高兴，如同享用了丰盛的宴席，也如同登上了春天的高台。

我独自淡泊啊，没有任何显露的迹象；

混沌啊，如同一个尚未嬉笑的婴孩；

疲惫啊，如同没有任何归处。

众人都拥有多余的东西，而我却遗失了一些东西。我真是只有
一颗愚人的心灵啊！

俗人光耀，而我昏暗。

俗人精明，而我幽闷。

（他沉静啊，如同深邃的大海，他飘逸啊，如同没有止境。）

众人都有所作为，而我独自愚蠢且鄙陋。

我独自与众人不同，这在于我珍视接受道的指引。

解析

1.世俗。道与无道的差异在现实中集中表现为我（得道者）与众人（无道者）的差异。但世俗的混沌抹平一切差异，抹平人我差异，是人我简单的一致性。

2.众人与我。众人与我的差异是长远的、浩大的。这主要表现为有为和无为的区别。第一，众人是有欲的，追求满足自己的欲望，并沉溺于其中。众人高兴，如同享用了丰盛的宴席，也如同登上了春天的高台。我则是无欲的，如同一个还不会笑的小孩。第二，众人与我的差异也表现为有技和无技。众人都拥有多余的东西，而我却遗失了一些东西。第三，众人与我的差异还表现为聪明和愚蠢。众人看起来很聪明，处于光明之中；我则看起来很愚蠢，处于黑暗之中。

3.崇道。老子最后指出我与众人差异的原因：我遵从道。这也意味着，他人不遵从道。道就是自然无为。

道法自然　天人合一

孔德〔1〕之容，惟道是从。

道之为物，惟恍惟惚。惚兮恍兮，其中有象；恍兮惚兮，其中有物。窈兮冥兮，其中有精；其精甚真，其中有信。

自今及古，其名不去，以阅众甫。吾何以知众甫之状哉？以此。

——《老子·第二十一章》

注释

〔1〕孔德：伟大的德。

译文

大德的动容唯有随从道的变化。

如果说道是一个物的话，那么它是若有若无的。道若有若无啊，但其中却有形象；道若有若无啊，但其中却有实物。道深远而幽暗啊，但其中却有精微；这一精微是非常真实的，也是非常诚信的。

从今天回溯到古代，道的名字是永不消失的，凭借如此，我们可以知道万物的开端。我如何知道万物的开端的状态的呢？正是凭借知道大道。

解析

1.道与德。德者，得也。孔德是大德。德是道的实现和完成。德在物身上的实现就成为了物的物性，在人身上的实现就成为了人的人性。因此，德在根本上为道所规定，也就是随从大道的变化。

在这样的意义上，道和德可以并用，也可以等同。有德者就是得道者。

2.道本身。道非万物。但人们如果将道作为物来把握的话，那么它也是一个特殊的物。与一般的物不同，道若有若无。它看起来是有，但实际上是无；它看起来是无，但实际上是有。道既是有，也是无。同时，道既非有，也非无。作为如此的道既显现又遮蔽。道在显现自己的同时遮蔽自己，在遮蔽自己的同时显现自己。但道是真实存在的。

3.道与物。道是万物的基础。一旦人们知道了道，也就是能知道万物的开端。

希言自然〔1〕。

故飘风不终朝，骤雨不终日。孰为此者？天地。天地尚不能久，而况于人乎？

故从事于道者，同于道；德者，同于德；失者，同于失。同于道者，道亦乐得之；同于德者，德亦乐得之；同于失者，失亦乐得之。

信不足焉，有不信焉。

——《老子·第二十三章》

注释

〔1〕自然：自己所是的样子，亦即本性。

译文

少言是合乎道的自然本性的。

因此狂风刮不了一早晨，暴雨下不了一整天。谁在刮风下雨？正是天地。天地刮风下雨尚不能持久，何况人的行为呢？

因此从事于道的人就等同于道，从事于德的人就等同于德；从事于无道无德的人就等同于无道无德。等同于道的人，道也乐于得到他；等同于德的人，德也乐于得到他；等同于无道无德的人，无道无德也乐于得到他。

统治者诚信不足必然导致民众对于他的不信任。

解析

1.希言。言是人的活动，希言是少言。少言是无为，多言是妄为。前者合乎道，后者违反道。

2.天地与人。老子描述了某些天地气象，说明天地的妄为不能长久。由此老子断言人的一些妄为更不能长久。在此，老子一方面认为天人之间具有某种可比性；另一方面认为天在根本上超过了人。因此人要从天那里获得启示。

3.人与道德。人不是道德本身，但人和道德能够产生互动。一方面，一个从事于道德的人就是一个有道德的人，一个不从事道德的人就是一个无道德的人；另一方面，道德自身也喜爱有道德的人，无道德自身也喜爱无道德的人。这是因为道德自身只是向有道德的人敞开自身，而向无道德的人封闭自身。这就是人和道德之间的相互感应，亦即同气相求，同声相应。

有物混成，先天地生。寂兮寥兮，独立不改，周行而不殆，可以为天地母。吾不知其名，强字之曰道，强为之名曰大。大曰逝，逝曰远，远曰反。

故道大，天大，地大，人亦大。域中有四大，而人居其一焉。

人法地，地法天，天法道，道法自然〔1〕。

——《老子·第二十五章》

注释

〔1〕道法自然：道效法自身的本性。

译文

在天地形成之前，有一物浑然一体就存在了。它没有声音，没有形体，独立自在而不改变，循环运行而不衰亡，能够成为天地万物的本源。我不知道它的名字，勉强称它为道，勉强名它为大。广大就是运行，运行就是去远，去远就是返回。

因此道大，天大，地大，人也大。世界包括了四大，而人就是其中的一大。

人效法地，地效法天，天效法道，道效法自身的本性。

解析

1.道自身。道不是一个物。但人们如何把道显现出来？这就不得不将道作为一物予以描述。但道不是一个一般的物，而是一个独特的物。道"混成"。它作为混沌区分于一个明晰的世界。道先于天地阴阳的分离，它自身是寂静的和空虚的。道保持自身的同一性、纯粹性，"不改""不殆"是关于同一性、纯粹性的证明。道是天下万物的规定者，是天下万物的根源。这样一个独立物先于人们的思想与语言，需要人们给它命名。但这种关于道的命名不是道自身，而只是一种指引。

2.道的特性。"大—逝—远—反"是关于道的特性的描述。道是大，但最大的大是无。大不仅是在空间意义上的广大，而且也是在运动意义上的流逝。流逝不是逝去，而是流行。流逝流向远方。去远同时意味着走近，也就是返回。

3.四大。四大是老子的天地结构。天地结构也就是世界结构。老子的世界由道、天、地、人构成。中国的世界一般包括了天、地、人三者，如人生天地间所说的。老子在天地人之外还加上了道。天地人道共同构成了世界中的四大。但道不是神。因此，老子和中国的世界不是神的世界，而是道或者是自然的世界。这个世界存在一个等级序列。其中，地高于人，天高于地，道高于天。比起天地人，道是等级序列中最高者。这可以说，道是在世界之中其他存在者的根据。道既在天地之先，也在天地之中。

4.道法自然。法是效法、师法。人效法地。这是因为人生活在大地上。地效法天。这是因为地笼罩在苍天之下。天效法道。这是因为天尊崇道的运行。道效法自然。这是因为道效法自身的本性。在此，自然不是指自然界，而是意味着自己所是的样子，亦即本性、天性。道法自然不是指道效法一个与它不同的自然界，而是意味着道遵循自身所是的样子。道法自然也就是道法自身，走自己的道路。这是因为道自身没有另外的根据，而以自身作为自身的根据。

因为天地法道，所以天地也法自然。这就是说，天根据自己的本性而运行，地根据自己的本性而存在。因为人法天地，所以人也法自然。这也就是说人根据自己的本性而生活。于是，圣人自然无为，百姓也自然无为。

知其雄，守期雌，为天下溪。为天下溪，常德不离，复归于婴儿。

知其白，守其黑，为天下式。为天下式，常德不忒，复归于无极〔1〕。

知其荣，守其辱，为天下谷。为天下谷，常德乃足，复归于朴。

朴散则为器，圣人用之，则为官长，故大制不割。

——《老子·第二十八章》

注释

〔1〕无极：无极而太极，亦即作为无的开端。

译文

人知道雄强，但安守于雌弱，作为天下的小溪。正是因为作为天下的小溪，所以人没有离开常德，而复归于婴儿的天真。

人知道光明，但安守于黑暗，作为天下的范式。正是因为作为天下的范式，所以人没有错失常德，而复归于无极的原初。

人知道光荣，但安守于耻辱，作为天下的山谷。正是因为作为天下的山谷，所以人充满了常德，而复归于纯朴的自然。

纯朴的自然分散之后则成为了器物，圣人采用纯朴的自然，则成为了众官的首长，因此伟大的治理是不分割的。

解析

1.知。知是知道。知道什么？知道雄、白、荣。雄是雄性，白是光明，荣是荣耀。它们是阳性，是肯定性。

2.守。守是实践。实践什么？实践雌、黑、辱。雌是雌性，黑是黑暗，辱是耻辱。它们是阴性，是否定性。

3.知和守。人知道雄、白、荣，却要安守雌、黑、辱。事实上，人们既知雄、白、荣，也知雌、黑、辱。但人们要弃守雄、白、荣，坚守雌、黑、辱。这是因为雌胜雄，无为胜有为；黑胜白，光明生于黑暗；辱胜荣，光荣源于耻辱。

当人们守雄、白、荣的时候，他是在妄为；当人们守雌、黑、辱的时候，他是在无为。只有为无为，才能任自然，才能合于道。

4.为。为是成为。成为什么？成为天下的溪、谷、式。溪是水溪，谷是山谷，式是范式。这三者是隐喻，与黑、雌、辱相关，是道的自然象征。溪、谷、式意味着接受、包容、化生。

5.常德。常德是平常和永恒之德，就是道。常德不离，也就是常德永在。但在现实世界中，人们首先和大多是背离常德，也就是背离道。因此，人一般处于无道和非道之中。

6.复归。复归是事物在远离了其原初之后而返回其原初。因此，返回之地就是起出发之地。人们保持了常德，亦即从无道、非道回到道本身，也就是回归到婴儿、无极、朴。婴儿是人之初始，是天真浪漫之人；无极是物是开端，是基础和本源；朴是木的原初，是本性和天然。

7.朴和器。朴是自然之物，器是人工之物。

圣人行道，要反朴归真，也就是自然无为。

道常无名，朴。虽小，天下莫能臣。侯王若能守之，万物将自宾。

天地相合，以降甘露，民莫之令而自均。

始制〔1〕有名，名亦既有，夫亦将知止，知止可以不殆。

譬道之在天下，犹川谷之于江海。

——《老子·第三十二章》

注释

〔1〕始制：万物在开始产生的时候。

译文

道永远是没有名字的，如同没有雕琢的木材。它虽然微小，但天下无物能够臣服它。如果侯王能够拥有道的话，那么天下万物将会自动地服从他。

天地之气相结合，由此就降下了甘露，人们没有命令它，但它自己却分布均匀。

万物在开始产生的时候就有了名字。事物既然有了名字，人们就应该知道其中止的时候。一旦知道了事物中止的时候，人们就可以避免危殆。

道运行于天下，正如江海为河川山谷之水所流注一样。

解析

1. 无名。道是无，是不可言说的，因此是无名。

2. 朴。朴是没有加工的原木，就是自然，是道的比喻的形象。

3.小。小与大相比。道是小的，而且是最小的。这是因为它是无。但此无也超过了大，而且是最大。因此道虽然无能，却有大能。道的大能表现为：它能规定万物，万物被它所规定。

4.甘露。甘露是靠近地面的水蒸气在夜间冷却后形成的小水珠，并主要散发在草木之上。这里借助甘露的喻象，强调了天地自身的给予性及其均匀性。它没有人为，只有自然。

5.万物与人。万物产生了就获得了规定和命名。但事物产生了就会走向终结。正是因为如此，所以人们一旦知道了事物产生的时候，就应该知道事物的终结。知道一个事物终结就可以让事物不消亡。为什么知道终结就可以不消亡？这是因为知止就是无为，而克服了妄为。

6.道与天下。这里用江海与河川山谷的关系来表述道和天下的关系：地上万河奔向大海，天下万物归于大道。

大道泛〔1〕兮，其可左右。万物恃之以生而不辞，功成而不有。衣养万物而不为主，可名于小；万物归焉而不为主，可名为大。以其终不自为大，故能成其大。

——《老子·第三十四章》

注释

〔1〕泛：流行。

译文

大道流行，遍及天下四方。万物依靠道来生长，而道不推辞；道成就了万物，但道不自居功劳。道养育了万物，但道不自以为是万物的主宰，这可以说道是小的；万物归依于道，但道不自以为是万物的主宰，这可以说道是大的。正是因为道始终不把自己显示为伟大，所以这使道能够成为伟大。

解析

1. 道与物。道是大的，遍及万物。道是万物的开端、过程和归属。首先，道是万物的开端：道生万物；其次，道支配了万物的过程：道养万物；最后，道是万物的归属：万物归于道。

2. 自然无为。道自身自然无为，同时让万物任自然，为无为。

3. 小与大。一个事物的大与小是与他物比较而来的。道与万物比较一方面是小的，另一方面是大的。道之所以是小，是因为它不主宰万物；道之所以是大，是因为万物都归属于它。因此，道既可以说是小的，也可以说是大的。

道常无为而无不为。

侯王[1]若能守之，万物将自化。化而欲作，吾将镇之以无名之朴。镇之以无名之朴，夫将不欲。不欲以静，天下将自正。

——《老子·第三十七章》

注释

〔1〕侯王：中国古代国家的君主。

译文

道永远是自然无为，但它对于天下万物又无所不作为。

如果侯王能自身守持道的话，那么万物将自身生化。万物在生化之后试图妄作的时候，我将用作为道的无名之朴来镇住它们。用作为道的无名之朴来镇住万物之后，它们就不会产生贪欲。万物没有贪欲就会宁静，天下也就会自己行于正道。

解析

1.道。道本身永远自然而然。道对立于无道。道作为"无为"，相对于非道的"有为"、"人为"（伪）和妄为。同时，道"无不为"区分于非道的"小为"。道的"无不为"意味着道济天下，它作为并生成万物。

2.侯王。他是治天下者。当他以道治国的时候，也就能无为而无不为，万物将自身生化。

3.道和万物。这包括了三个方面：第一，道能导致万物的生长化育，让其依自己的本性而存在；第二，道能镇住万物的欲望，让其回归到纯朴；第三，道能使天下万物达到宁静，走向正道。

上德不德，是以有德；下德不失德，是以无德。

上德无为而无以为；下德无为而有以为。

上仁为之而无以为；上义为之而有以为。

上礼为之而莫之应，则攘臂而扔之。

故失道而后德，失德而后仁，失仁而后义，失义而后礼。

夫礼者，忠信之薄，而乱之首。

前识〔1〕者，道之华，而愚之始。

是以大丈夫处其厚，不居其薄；处其实，不居其华。故去彼取此。

——《老子·第三十八章》

注释

〔1〕前识：先知的知识。

译文

上德之人不显己德，因此有德；下德之人显己不失德，因此无德。

上德之人自然无为而无有意作为；下德之人自然无为但有意作为。

上仁之人有所作为但无意作为；上义之人有所作为且有意作为。

上礼之人有所作为但无人响应，于是伸出臂膀强行要人就范。

因此失去了道之后才出现德，失去了德之后才出现仁，失去了仁之后才出现义，失去了义之后才出现礼。

礼就是忠信的不足和混乱的开端。

所谓先知的知识是道的虚华表象，是愚昧的真正开始。

因此大丈夫处于厚重，不居于轻薄；处于坚实，而不居于虚华。因此人们要去掉轻薄、虚华，采取厚重、坚实。

解析

1. 上下的区分。此处的上是积极，肯定；下是消极，否定。如上德和下德等。但上下之分的关键是自然和人为的区分。上是自然的，下是人为的。因此，上是合道的，下是不合道的。

2. 有与无。这里的有和无（不）实际上是显现和遮蔽。但它们具有非常独特的意义。显现意味着人为，遮蔽意味着自然。于是，有是无道的，而无才是有道的。人因为有某种东西，所以没有某种东西；反过来，人因为没有某种东西，所以有某种东西。

3. 道德仁义礼。道是根本，德是德性（物性、人性），仁是仁爱，义是正义，礼是礼制。它们构成了一个从高到低的等级序列。这在事实上是从自然无为到人为甚至到妄为的变化。礼义是对于道德的否定。道家以道德作为最高的规定，而儒家以礼义作为最高的规定。

4. 大丈夫。他是得道者。得道者知道区分厚与薄、实与华，也就是区分有道和无道。在此区分的基础上，人作出选择决定，并遵道而行。

昔之得一者：天得一以清；地得一以宁；神得一以灵；谷得一以盈；万物得一以生；侯王得一以为天下正。

其致之也，谓天无以清，将恐裂；地无以宁，将恐废；神无以灵，将恐歇；谷无以盈，将恐竭；万物无以生，将恐灭；侯王无以正，将恐蹶。

故贵以贱为本，高以下为基。是以侯王自称孤、寡、不穀。此非以贱为本耶？非乎？故至誉无誉。是故不欲琭琭〔1〕如玉，珞珞〔2〕如石。

——《老子·第三十九章》

注释

〔1〕琭琭：华丽的样子。

〔2〕珞珞：坚硬的样子。

译文

自古以来，那些得到了一的事物：天得到了一而保持了清明；地得到了一而保持了安宁；神得到了一而保持了灵明；谷得到一而保持了充盈；万物得到了一而能够生化；侯王得到了一而能够治理天下。

由此推而言之，如果天不是清明的话，那么它将要崩裂；如果地不是安宁的话，那么它将毁灭；如果神不是灵明的话，那么它将隐去；如果谷不充盈的话，那么它将枯竭；如果万物不能生化的话，那么它将灭亡；如果侯王不能治政的话，那么他将倒台。

因此高贵以低贱为根本，崇高以低下为基础。因此侯王自称孤、寡、不穀。这不是高贵以低贱为根本吗？难道不是吗？因此最

道法自然 天人合一

175

高的荣誉是没有荣誉。因此人们不要像美玉一样地华丽，而要像石头一样地坚硬。

|解析|

1."一"。"一"有多重意义。第一是万物之一，是其一；第二是一切之一，是整体；第三是开端、统一，是道。万物得一，就是得道。唯有得道，万物才能是其自身。在这样的意义上，"一"是万物的根据，是其所来与所归之处。每一个物只有自身统一，才能自身作为自身存在。

2.天地万物。老子列举了天、地、神、谷、万物与侯王等。天是苍天，地是大地，神是神灵，谷是空谷，万物是矿物、植物和动物的整体，侯王是民众的治者。他们都是在世界之中的不同存在者。

3.正反说一。一方面，如果万物得到一，也就是得到道的话，那么它们将获得自己的本性而成为自身。天得到了一而保持了清明；地得到了一而保持了安宁；神得到了一而保持了灵明；谷得到一而保持了充盈；万物得到了一而能够生化；侯王得到了一而能够治理天下。另一方面，如果万物不得到一，不得到道的话，那么万物将失去自己的本性而不成为自身。如果天不是清明的话，那么它将要崩裂；如果地不是安宁的话，那么它将毁灭；如果神不是灵明的话，那么它将隐去；如果谷不充盈的话，那么它将枯竭；如果万物不能生化的话，那么它将灭亡；如果侯王不能治政的话，那么他将倒台。从正反两方面老子阐明"一"的重要性。

4.贵贱与高下。贱为贵之本，下为高之基。贱和下是合于道的本性的，因此，人们要守贱居下，不要求贵攀高。这也意味着人要无为（珞珞如石），不要妄为（碌碌如玉）。

反〔1〕者道之动，弱者道之用。

天下万物生于有，有生于无。

——《老子·第四十章》

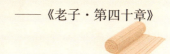

注释

〔1〕反：返回。

译文

返回是道的活动，柔弱是道的作用。

天下的万物是从有中产生的，而有又是从无中产生的。

解析

1.反。道的活动是反。反既是反对，亦即对立，也是返回。这就是说，道的活动是既对立自身又返回自身的。正是如此，道的本性才是生成性的。

2.弱。道的作用是柔弱。道自然无为，因此显示为柔弱。但道无为而无不为，因此它虽柔弱却胜过刚强。在这样的意义上，柔弱比刚强更刚强。

3.有与无。万物源于有，有源于无。这就是说，万物并非是从有到有的转变，也就是从一种存在者状态到另一种存在者状态的变形，而是无中生有。万物自身生成，且生生不息。

上士闻道，勤而行之；中士闻道，若存若亡；下士闻道，大笑之。不笑不足以为道。

故建言〔1〕有之：

明道若昧；进道若退；夷道若类；上德若谷；广德若不足；建德若偷；质真若渝；大白若辱；大方无隅；大器晚成；大音希声；大象无形；道隐无名。夫唯道，善贷且成。

——《老子·第四十一章》

注释

〔1〕建言：立言。

译文

当上士听到道之后，他会勤奋地实行道；当中士听到道之后，他会觉得道似有似无；当下士听到道之后，他会大声嘲笑道。如果道不被人嘲笑的话，那么道本身不足以被称为道。

因此有如下所说的话语：

光明的道仿佛是黑暗的；

前进的道仿佛是后退的；

平坦的道仿佛是崎岖的；

伟大的德仿佛山谷；

广大的德仿佛不足；

刚健的德仿佛偷惰；

纯正仿佛有瑕疵；

洁白仿佛有污垢；

最大的方正没有棱角；

最大的器物最后完成；

最大的声音没有声音；

最大的形象没有形象；

道自身遮蔽，没有名字。

唯有道善于给予且成就万物。

解析

1.闻道。人听道，倾听道。这设定了"有人说道"为前提。谁有权力、有能力说道？这个人只能是得道者，亦即圣人。但圣人不是道本身。圣人的道来自另外一个本源性的地方，即自然、天道。在此意义上，圣人替天言道。自然之道不是语言，但需要语言。

2.闻道的区分。老子将闻道者区分为上士、中士、下士。上士闻道后并实现道，达到与道的合一。中士闻道后处于是与非之间，若有若无，似是而非。下士闻道后嘲笑道，拒绝道。这是因为上士具有洞见，知道道；中士只有意见，似看非看道；下士只是无知，无法看见道。道在洞见、意见和无知的区分中自身显现为道。同时，上士走在大道上，中士走在道与非道之间的小径上，而下士则走在非道上。

3.道的悖论。这里的悖论包括了三个方面：

第一，道仿佛是非道。光明的道仿佛是黑暗的；前进的道仿佛是后退的；平坦的道仿佛是崎岖的。

第二，德仿佛是非德。伟大的德仿佛山谷；广大的德仿佛不足；刚健的德仿佛偷惰。

第三，物仿佛是非物。纯正仿佛有瑕疵；洁白仿佛有污垢；最大的方正没有棱角；最大的器物最后完成；最大的声音没有声音；最大的形象没有形象。

概而言之，肯定性的道仿佛是否定性的道，肯定性的德仿佛是否定性的德；肯定性的物的特性仿佛是否定性的物的特性。为何如此？这是因为道自身与日常观念（意见、无知）构成了对立。当它们并列的时候，便形成了两种对立的现象。主语是道，而表语则是日常观点所看到的道。

4.道隐无名。道自身遮蔽，拒绝命名。道既拒绝自身言说，也拒绝自身被言说。这是因为老子的道是自然无为之道。

5.善贷且成。道生万物，也就是让万物自身存在。

道生一，一生二，二生三，三生万物。万物负阴而抱阳，冲气[1]以为和。

人之所恶，唯孤、寡、不穀，而王公以为称。故物或损之而益，或益之而损。人之所教，我亦教之。强梁者不得其死，吾将以为教父。

——《老子·第四十二章》

注释

[1] 冲气：阴阳二气交互生成之气。

译文

道生一，一生二，二生三，三生万物。万物背负阴而面朝阳，而阴阳二气交互生成和谐。

人们所厌恶的正是孤、寡、不穀，但王公却用来称呼自己。因此事物或者是减损后增加，或者是增加后减损。人们所教导的，我也用来教导。强暴的人不会得到好死，我把他当成反面的教师。

解析

1. 道。道是本源性的，生成万物。

2. 一、二、三。什么是一？一就是道自身。道本身不是万物，是无。道作为无是存在的，因此它同时作为有。作为有与无同一的道就是一。什么是二？可能是阴阳。什么是三？可能是天、地、人。

3. 道与一、二、三。它们的关系是生的关系。生育不是生产。

生育关系即母子或父子关系。父中有子，子中有父。

4.阴阳。万事万物包括了阴阳两个方面。阴是否定性、被动性；阳是肯定性、主动性。阴阳是共生的。没有阴就没有阳，反之亦然。但阴阳之间的关系不只是对立，而也是互补和转化。

5.损益。损是减少，益是增加。它们是一种对立的现象，但会相互转化。一种是由益而损，另一种是由损而益。一般人只知益，而不知损。但圣人反之。

大成若缺，其用不弊。

大盈若冲，其用不穷。

大直若屈，大巧若拙，大辩若讷。

静胜躁，寒胜热，清静为天下正〔1〕。

——《老子·第四十五章》

〔1〕正：中正，正道。

注释

〔1〕正：中正，正道。

译文

最完美的事物仿佛是有缺陷的，但其作用是不可竭尽的。

最充满的事物仿佛是空虚的，但其作用是不可穷尽的。

最正直的仿佛是弯曲的，最巧妙的仿佛是笨拙的，最善辩的仿佛是迟钝的。

宁静克服了躁动，寒冷克服了炎热，清静是天下的正道。

解析

1.大。大是圆满。事物最圆满（大）的特性看起来是其对立面：不圆满。事物虽然看起来不圆满，但其作用确实是无限的。老子在此将关于事物的真知和谬误两种极端的现象对立起来，以凸显道与非道的不同。

2.大成。从道（自然）来看，大成是自然天成；但从非道（人为）来看，它是有缺陷的。

3.大盈。从道（自然）来看，大盈是自然充盈；但从非道（人

道法自然　天人合一

为）来看，它是空虚的。

4.大直。从道（自然）来看，大直是自然正直；但从非道（人为）来看，它是弯曲的。

5.大巧。从道（自然）来看，大巧是巧夺天工；但从非道（人为）来看，它是笨拙的。

6.大辩。从道（自然）来看，大辩是如实辩论；但从非道（人为）来看，它是迟钝的。

7.清静。清是纯粹，一个事物是其自身，而没有被污染；静是安静，一个事物居于自身，而没有运动。清静是道的本性。因此，清静无为而无不为。它具有强大的力量，比一般的躁动更能推动万物。

不出户〔1〕，知天下；不窥牖〔2〕，见天道。其出弥远，其知弥少。

是以圣人不行而知，不见而明，不为而成。

——《老子·第四十七章》

注释

〔1〕户：门口。

〔2〕牖：窗口。

译文

人不出门外，但知道天下万物；不望窗外，但知道天地之道。人外出的越是遥远，人知道的越是稀少。

因此圣人不远行而知道，不窥见而明白，不妄为而完成。

解析

1.远近。近是在家，远是远游。人在家可以知道天下和天道，远游则无法知道天下和天道。

2.内外。内是内观，外是外观。人内观可以知道天下和天道。外观则无法知道天下和天道。

3.有为和无为。远游和外观是有为；在家和内观是无为。圣人不行而知，不见而明，不为而成。通过否定，圣人使自己达到无，达到道。

4.知道。知道不在远游，而在居家；不在外观，而在内观；不在有为，而在无为。道是在人的清静之中呈现自己并被人知道的。

为学〔1〕日益，为道〔2〕日损。损之又损，以至于无为。无为而无不为。取天下常以无事，及其有事，不足以取天下。

——《老子·第四十八章》

注释

〔1〕为学：学习知识。

〔2〕为道：把握大道。

译文

为学在于每天增加，为道在于每天减少。当人为道时，减少了又减少，以至达到无为。

如果人无为的话，那么他就能无所不为。人治理天下要安宁无事。如果人生出事端的话，那么他就不足以治理天下了。

解析

1. 为学与为道。为学和为道是人的两种根本不同的行为。第一，所为不同。为学追求的是万物的学识，为道追求的是唯一的天道。第二，作为不同。为学思考的是多，为道思考的是一。因此人们为学需要增加，为道则需要削减。为学是有为，为道是无为。

2. 损。何谓损？损就是不，也就是否定。损之又损是否定之否定，是否定的连续性。通过否定，人要消除妄为，达到无为，亦即达到无本身。

3. 无为无不为。当人为无为时，就能任自然，让万物自身生成。这就是无为而无不为。

4.取天下。取天下就是治理天下。有事和无事就是有为和无为。有为无法取天下，无为才能取天下。这就是说，治天下关键在于无为而治。

道生之，德畜之，物〔1〕形之，势成之。

是以万物莫不尊道而贵德。

道之尊，德之贵，夫莫之命而常自然。

故道生之，德畜之；长之育之；成之熟之；养之覆之。生而不有，为而不恃，长而不宰。是谓玄德。

——《老子·第五十一章》

注释

〔1〕物：物态。

译文

道生成万物，德养育万物，形态构成万物，势力成就万物。

因此天下万物没有不尊崇道的，没有不珍贵德的。

道的尊崇和德的珍贵在于，它们不命令万物而让它们永远自然无为。

因此道生成万物，德养育万物；让万物长育，让万物成熟，让万物受护。道生成而不占有万物，作为而不依赖万物，引导而不控制万物。这就是神秘的德。

解析

1.万物。万物不是已然存在的，而是从无到有不断生成的。万物的生成依赖四个要素：道、德、物（形）、势（力）。道是物的本源；德是道在物身上的实现，是物的德性，是物的物性。在道、德之后的物指物的形体；在物之后的势是物所在的环境和势力。比起物和势，道德是最根本的。这是因为道德是内在的，物和势是外在的。因此，道德是最尊贵的。

2.道与万物。道不仅自身自然无为，而且对万物也自然无为。道让万物任自然，同时也让万物为无为。但道让万物存在而不是去占有它。

3.玄德。它是道神秘的德性。道自然无为，生成万物但自身隐身而去。这种德性是自身遮蔽的，不可见的，因此是神秘的。

天下有始，以为天下母。既知其母，以知其子；既知其子，复守其母，没身不殆。

塞其兑，闭其门，终身不勤。开其兑，济其事，终身不救。

见小曰明，守柔曰强。用其光，复归其明，无遗身殃；是谓袭常〔1〕。

——《老子·第五十二章》

注释

〔1〕袭常：承袭常道。

译文

天下万物有一个开端，它可作为天下万物的母体。如果人们已经知道了母体的话，那么就可以知道子嗣；如果人们知道了子嗣，又守护着其母体的话，那么人终身都没有危殆。

如果人塞住欲望的口，关闭欲望的门的话，那么终身无须勤劳。如果人开启欲望的口，增加欲望的事的话，那么终身都无法被救。

能见到微小的就是明白，能守住柔弱的就是刚强。如果人们用光芒照射自身而复归于自身的清明的话，那么他就不会给自己带来灾祸。这就是承袭常道。

解析

1.道与万物。道与万物的关系被描述为母与子的关系。母子关系是一种血缘关系。他们之间存在家族相似现象。这就是说，在母的形象上可以看到子的形象；在子的形象上可以看到母的形象。这里存在一个思想的循环：一方面，人通过母知其子，亦即通过道而知物；另一方面，人通过子知其母，亦即通过物而知道。

2.人与欲望。所谓的口和门是欲望之口和欲望之门。人敞开了欲望的门口，就会妄为；人关闭了欲望的门口，就能无为。妄为或无为关系到人自身死亡或者生存的问题。因此人要关闭自身欲望的通道，而不要开启它。

3.人与道。人要追寻道，也就是要认识道并实行道。得道在此具体表现为见小守柔。一般人们只能见大和守强。但老子认为，见小才是真正的明。这是因为最微小的是最难看见的。守柔才是真正的强。这是因为柔弱是最坚强的。同时，人要观照自身。这里的明和强与日常观念的理解是不同的。

天之道，其犹张弓与？高者抑之，下者举之；有余者损之，不足者补之。

天之道，损有余而补不足。人之道，则不然，损不足以奉有余。

孰能有余以奉天下，唯有道者。

是以圣人为而不恃，功成而不处，其不欲见贤〔1〕。

——《老子·第七十七章》

注释

〔1〕见贤：显露自己的贤能。

译文

天道岂不如同张开的弓箭吗？当弦位高时，人就压低它；当弦位低时，人就抬高它。多余的要减少，不足的要补充。

天道是减少有余而补充不足。人道却与之相反，减少不足的，补充有余的。

谁能够把有余的奉献给天下？这只有有道的人。

因此圣人作为万物但不依赖，成就事物但不居功，他不愿显露自己的贤能。

解析

1.有余和不足。一个事物有其本性，因此有其边界和限度。这个边界和限度是自然天成的。有余是超过了这个限度，而不足则是未达到这个限度。

2.天道。老子将天道比喻成张弓，损有余而补不足。这种平衡是让物达到其自然本性，也就是让物符合自身的存在的限度。

3.人道。人道与天道的对立。人道反天道的平衡，减少不足的，补充有余的，而导致两极分化。这是妄为。

4.有道者。有道者是合乎天道的人。他能够把有余的奉献给天下，补充万物的不足，使万物能合于自己的本性而生长。

5.圣人。圣人自然无为。他让万物存在，而不支配万物；他自己有为，但不妄为。

信言〔1〕不美，美言〔2〕不信。

善者〔3〕不辩，辩者〔4〕不善。

知者〔5〕不博，博者〔6〕不知。

圣人不积，既以为人已愈有，既以与人已愈多。

天之道，利而不害；圣人之道，为而不争。

——《老子·第八十一章》

注释

〔1〕信言：诚信的语言。

〔2〕美言：华美的语言。

〔3〕善者：善良的人。

〔4〕辩者：争辩的人。

〔5〕知者：智慧的人。

〔6〕博者：博学的人。

译文

诚信的言语不华美，华美的言语不诚信。

善良的人不争辩，争辩的人不善良。

智慧的人不博学，博学的人不智慧。

圣人不自私积物，他越是帮助他人，自己越是富有；他越是给予他人，自己越是增多。

天之道是利生而不害生，圣人之道是作为而不强争。

解析

1.信与美。信是诚信。信言既是人对于事情本性如实表达的言说，也是人能信守并实现的言说。美是华美，夸饰。美言既不是对于事情本性如实表达的言说，也不是人能信守并实现的言说。因此，诚信的言语不华美，华美的言语不诚信。

2.善与辩。善既是一种合于道的行为：善巧，也是一种合于道的德性：善良。辩是争辩，是反对道而利于己的争辩，是妄为。因此善良的人不争辩，争辩的人不善良。

3.知与博。知是知道，是智慧。它知道天地人的大道，而大道是一，是自然无为。博是博学，是多知。它是关于万事万物的知识。而知识是多，是新知旧识。因此，智慧的人不博学，博学的人不智慧。

4.圣人与人。圣人越是无己，越是有己。他越是帮助他人，自己越是富有；他越是给予他人，自己越是增多。这在于，圣人与他人共生共荣。圣人给予他人，他人也会给予圣人。

5.天之道与圣人之道。它们不同于世俗的人之道，都是道自身的显现。天之道是自然之道，自身给予自身，生成万物，不伤害万物。天爱万物，因此天之道是爱之道。圣人之道沿道而行，顺天而为，不与人争夺。圣人爱众人，因此圣人之道也是爱之道。

第五篇

逍遥游道

《庄子》又名《南华经》，为庄子及其弟子所著，蕴含着丰富的逍遥游道思想。庄子是老子的继承者，他弘扬了道家的基本思想。

若夫乘天地之正，而御六气〔1〕之辩〔2〕，以游无穷〔3〕者，彼且恶〔4〕乎待哉！故曰：至人无己，神人无功，圣人无名。

——《庄子·逍遥游第一》

注释

〔1〕六气：阴阳、风雨、晦明。

〔2〕辩：变化。

〔3〕无穷：无限的世界。

〔4〕恶：何。

译文

假若人能行走天地的正道，把握六气的变化，来游于无限的世界，那他还要依靠什么呢？因此说：至人没有自己，神人没有功劳，圣人没有名声。

解析

1.真正的逍遥游戏是自由的游戏。它不依赖于任何外在的条件，而只是顺天地之道而行。这种游戏是无限的。一方面是游于无限，即无限的时间和空间；另一方面是无限游，即无限的过程。

2.至人、神人和圣人是关于得到道的人的不同的名字。他们的共同的本性是无己、无功和无名。这意味着，他们彻底否定了自己的欲望，而同化于大道之中。

至人神矣。大泽焚而不能热，河汉沍〔1〕而不能寒，疾雷破山而不能伤，飘风振海而不能惊。若然者，乘云气，骑日月，而游乎四海之外。死生无变于己，而况利害之端乎？

——《庄子·齐物论第二》

注释

〔1〕沍：冷冻。

译文

至人太神奇了。大草泽焚烧而不能使他感到热，江河冰冻而不能使他感到冷，疾雷破山而不能伤害他，飘风振海而不能惊动他。像这样的话，他乘着云气，骑着日月，而游于四海之外。死生都无法改变人自己，而何况利害的事端呢？

解析

1.至人的神奇之处在于，他不受任何外在灾害的影响。这是因为他超出了万物对于它的制约，而万物的灾变无法伤害他。连死生都触及不到他，何况一般的利害的事情。

2.圣人游于四海之外，也就是超出大地之上。他与天齐一，乘着云气，骑着日月，游于天上。

吾生也有涯，而知也无涯。以有涯随无涯，殆已！已而为知者，殆而已矣！为善无近名，为恶无近刑。缘督〔1〕以为经，可以保身，可以全生，可以养亲，可以尽年。

——《庄子·养生主第三》

注释

〔1〕督：督脉，也指纲纪。

〔2〕亲：真君，亦即精神。

译文

我们的生命是有限的，但知识是无限的。以有限的生命追求无限的知识，这就很危险了。已经如此了还要无限追求知识，这就更加危险了。人们为善不要追求美名，为恶不要触犯刑法。顺着纲纪以为常道，这样就可以保护身体，可以成全生命，可以养护精神，可以享尽天年。

解析

1.生命有限，而知识无限。因此人要把握追求知识的限度。

2.养身的根本在于不要偏激，而要遵循自然之道，于是人就可达到健康长寿。

道法自然　天人合一

臣〔1〕之所好者道也，进乎技矣。始臣之解牛之时，所见无非全牛者；三年之后，未尝见全牛也；方今之时，臣以神遇而不以目视，官知止而神欲行。

——《庄子·养生主第三》

注释

〔1〕臣：屠牛者的自称。

译文

我所爱好的是大道，超过了技术。我开始宰杀牛的时候，所见的不过是个浑然一体的全牛。三年以后，我未曾看见过浑然一体的全牛了。到了现在，我只以心神去相遇而不以眼睛去观看，感官的功能停止了而心神还在运行。

解析

1.屠牛如同任何一种职业一样，一方面需要技术，另一方面需要大道。此处的屠牛者的独特之处在于，他爱大道超过了爱技术。

2.屠牛者的经历分为三个阶段：第一，所见为全牛。这意味着他对于牛的生理结构尚未进行区分。第二，所见不再是全牛。这意味着他对于牛的生理结构了然于心。第三，用心而不是用眼去看牛。这意味着他达到了心手合一，刀肉合一。

若〔1〕一志，无听之以耳而听之以心；无听之以心而听之以气。耳止于听，心止于符〔2〕。气也者，虚而待物者也。唯道集虚。虚者，心斋也。

——《庄子·人间世第四》

注释

〔1〕若：你。

〔2〕符：符合，接合。

译文

你要专注你的心志，不要用耳朵去倾听，而要用心灵去倾听；不要用心灵去倾听，而要用气去倾听。耳朵的作用只是止于倾听外物，心灵的作用只是止于符合外物。气是虚空的，因此能接纳外物，惟有道才能集结于虚空。所谓虚空就是心斋的本性。

解析

1.斋戒的本意是不茹荤腥，不饮酒等。这些饮食本身具有一定的刺激性，过量和长久的食用能激起人的欲望，败坏人的身体和性情。因此，对于一个修道的人或者是试图保持身心健康的人来说，持守斋戒虽然不是充分的，但却是必要的。不过，庄子所说的不是饮食的斋戒，而是心灵的斋戒。所谓心斋就是让心灵不受外在事物的污染，而保持自身的纯净。在这样的意义上，心斋在根本上否定性的。但心斋除了否定性的一面之外，还有肯定性的一面。事实上，否定性和肯定性是同时发生的。所谓的否定性是清除心灵的遮

道法自然　天人合一

203

蔽，所谓的肯定性就是显现心灵的本性，并敞开和接受道。

　　2.庄子所说的听不仅是一般的听觉，而且也是倾听和接纳。耳听是外在的，心听是内在的。气听无内外，是虚无的。庄子要求人要专注于自身的心志，既不要让耳朵感觉外在事物，也不要让心灵接触外在事物，而是要听之以气。当人的心灵如同气一般是虚无的时候，人才能倾听道。这在于道自身是虚无的，它只在虚无中来临和显现。由此可见，心斋产生了一颗空灵的心。通过去掉心灵的遮蔽，它一方面让心灵回到了心灵自身，另一方面也让道去掉了障碍而在心灵中显现自身。

古之真人，不逆寡，不雄成，不谟士〔1〕。若然者，过而弗悔，当而不自得也。若然者，登高不栗，入水不濡，入火不热。是知之能登假于道者也若此。

——《庄子·大宗师第六》

注释

〔1〕谟士：谋事。

译文

古代的真人不以失败为不顺，不以成功为骄傲，不谋虑事情。若是这样的话，他错过时机而不后悔，正当时机而不自得。若是这样的话，他登高不战栗，入水不会湿，入火不会热。这是人的智慧能达到道的地步才能如此。

解析

古代的真人不计成败，也不计时机。因为这些都是外在的，而非内在的，所以他不会受制于环境的改变。真人与道同一，超出了物的限制。

古之真人，其寝不梦，其觉无忧，其食不甘，其息深深。真人之息以踵，众人之息以喉。屈服者，其嗌〔1〕言若哇〔2〕。其耆欲深者，其天机浅。

——《庄子·大宗师第六》

注释

〔1〕嗌：喉咙。

〔2〕哇：阻碍。

译文

古代的真人睡觉时不做梦，觉醒时不忧愁，饮食不求甘美，呼吸深沉绵长。真人的呼吸能达到脚跟，常人的呼吸只达喉咙。当他被人屈服时，他的咽喉的言语好像受到了阻碍。凡是欲望深重的人，他天然的本能就会浅薄。

解析

古代的真人的日常睡眠、饮食和呼吸与常人的区别在于：他遵守自然之道，而常人反自然之道。此外，他即使受屈，也不与人争辩。当人寡欲时，他就会获道；当人贪欲时，他就会无道。

古之真人，不知说生，不知恶死。其出不䜣，其入不距。翛然〔1〕而往，翛然而来而已矣。不忘其所始，不求其所终，受而喜之，忘而复之。是之谓不以心捐道，不以人助天。是之谓真人。若然者，其心志，其容寂，其颡頯〔2〕。凄然似秋，暖然似春。喜怒通四时，与物有宜而莫知其极。

——《庄子·大宗师第六》

注释

〔1〕翛然：自由自在的样子。

〔2〕颡頯：额头宽广。

译文

古代的真人不知道悦生，不知道恶死。他出生不欣喜，入死不拒绝。他自由自在地去，自由自在地来。他不忘记他的所始，也不追求他的所终。他得到生命而欣喜，失去生命而归天。这就是不用心去加给道，不用人去帮助天。这就是真人。像这样的话，他的心灵志向于道，容貌寂静安宁，额头宽广宏大。他严肃时像秋天，温暖时像春天，喜怒如四季变化，适宜万物而不知道他的极限。

解析

1.真人把生死看成是人的生命的一个自然而然的过程。因为看透了生死，所以人就可以超越生死，不为生喜，不为死悲。

2.真人的身心都与众不同，具有独特的显现形态。同时，他的喜怒哀乐与天地四时万物相通。

古之真人，其状义而不朋，若不足而不承。与乎其觚〔1〕而不坚也，张乎其虚而不华也。邴邴〔2〕乎其似喜也，崔崔〔3〕乎其不得已也，滀〔4〕乎进我色也，与乎止我德也，厉乎其似世也，謷〔5〕乎其未可制也，连乎其似好闭也，悗〔6〕乎忘其言也。

——《庄子·大宗师第六》

注释

〔1〕觚：棱角。

〔2〕邴邴：焕发的样子。

〔3〕崔崔：运动的样子。

〔4〕滀：颜色和悦。

〔5〕謷：高远。

〔6〕悗：无心的样子。

译文

古代真人的情状与人结义但不朋党，好像不足但不承纳他物。他与人坚强但没有棱角，开张虚静但没有浮华。他精神焕发如欢喜，行为运动如不得已，和蔼的样子增进我的面色，容与的样子安止我的德性，广大如世界，高远而不可限制，沉默好像封闭了嘴巴，无心如同忘掉了言语。

解析

真人的情状异于常人的情状。他的身心是安宁的、虚静的、高远的，他的为人处世是通达的。总之，他顺乎天道，没有人为。

夫道有情有信，无为无形；可传而不可受〔1〕，可得而不可见；自本自根，未有天地，自古以固存；神〔2〕鬼神帝，生天生地；在太极之上而不为高，在六极〔3〕之下而不为深，先天地生而不为久，长于上古而不为老。

——《庄子·大宗师第六》

注释

〔1〕受：通授。

〔2〕神：通生。

〔3〕六极：天地的上下与四方。

译文

道是实情实信的，没有作为也没有形态。它可以心传但不可以口授，可以心得但不可以目见。它自己为本，自己为根，在未有天地之前，自古本来就存在了。它产生鬼神、上帝和天地。它在太极之上不为高，在六合之下不为深，先于天地不为久，长于上古不为老。

解析

1.道本身是真实存在的，但它不是一个物，因此是无。这使它自身无法显现，也使人无法用物的方式去传达和感觉。

2.道是自己存在的根据，但也是天地万物存在的根据。

3.道先于万物的空间，也先于万物的时间。

吾犹守而告之，参〔1〕日而后能外天下。已外天下矣，吾又守之，七日而后能外物。已外物矣，吾又守之，九日而后能外生。已外生矣，而后能朝彻〔2〕，朝彻而后能见独，见独而后能无古今，无古今而后能入于不死不生。杀生者不死，生生者不生。其为物无不将也，无不迎也，无不毁也，无不成也。其名为撄宁〔3〕。撄宁也者，撄而后成者也。

——《庄子·大宗师第六》

注释

〔1〕参：同三。

〔2〕朝彻：一旦通彻。

〔3〕撄宁：干扰后而宁静。

译文

我还是坚持守着而告知他，三天后可以外天下。已经外天下了，我坚持守着，七天后可以外物。已经外物了，我又坚持守着，九天后可以外生死。已经外生死了，我就一时通彻了。通彻后，我就能洞见独立的道。洞见独立的道之后，我就能无古今的分别。无古今的分别之后，我就能进入无死无生。那能杀死其他生命的，它自己不会死亡；那能产生其他生命的，它自己不会产生。道对于万物没有不一面相送的，没有不一面迎接的；没有不一面毁灭的，没有不一面成就的。这就叫撄宁。它的意思是在万物的成毁之中保持安宁。

解析

1.体道的过程可以分解为如下几个步骤。第一，外天下。将世界置之度外。第二，外物。将周遭的事物置之度外。第三，外生，将自己的生命置之度外。第四，朝彻。一旦豁然开朗而彻悟。第五，见独。洞见那独一的存在。第六，无古今。消除了古今区分的时间。第七，入于不死不生。人达到了道自身。道超出了有生有灭的相对性，而呈现了无生无灭的绝对性。

2.这是庄子所描述的人经验道的过程。它基本上可以分为前后相续的两个方面：否定性和肯定性。就否定性而言，人从否定世界经否定万物再到否定自己。这是一个由外到内步骤。就肯定性而言，它既是人的心灵的虚化，也是大道的来临。

道法自然　天人合一

211

且夫得者，时也；失者，顺也。安时而处顺，哀乐不能入也，此古之所谓县解〔1〕也。而不能自解者，物有结之。且夫物不胜天久矣，吾又何恶焉？

—— 《庄子·大宗师第六》

｜注释｜

〔1〕县解：解除悬挂。

｜译文｜

人的得生，是时机；人的死去，是顺应。能安于时机和处于顺应的人，哀伤和欢乐就不能侵入其中，这就是古代所说的解除束缚。那些不能自身解脱的人，就会被外物束缚。万物不能胜过天道已经久远了，我又有什么值得厌恶的呢？

｜解析｜

1.人的生死都是一个自然的变化过程。人随生死而变就不会有哀伤和欢乐。

2.人走出了生死大关，也就解除了人自身最大的束缚，否则就没有。

堕[1]肢体，黜[2]聪明，离形去知，同于大通。此谓坐忘。

——《庄子·大宗师第六》

注释

〔1〕堕：废除。

〔2〕黜：罢黜。

译文

忘却自己的肢体，抛弃自己的视听，离开形体，去除知识，同一于大道。这就是坐忘，亦即静坐而无心。

解析

坐忘是静坐而无心的活动。它不仅要人遗忘自己的身体，而且要遗忘自己的心灵。唯有当自己处于虚无之中，人才能与道合一。

无为名尸〔1〕，无为谋府，无为事任，无为知主。体尽无穷，而游无朕〔2〕。尽其所受乎天而无见得，亦虚而已！至人之用心若镜，不将不逆，应而不藏，故能胜物而不伤。

——《庄子·应帝王第七》

注释

〔1〕尸：主。

〔2〕朕：迹象。

译文

不要作名声的主人，不要作计谋的处所，不要作事情的任者，不要作知识的主宰。体尽无穷的世界，遨游于无迹的虚空。极尽接受于天而没有显现获得，这也只不过是一种虚无而已。圣人用心若镜子，既不随从，也不反对，如实反映但不藏有痕迹，因此他能胜于物而不被物所伤。

解析

1.人不要追求外在的事物，而要追求道。不要被有所遮蔽，而要达到无。

2.圣人之心若镜，与物相交，既不伤害物，也不被物所伤。

自三〔1〕代以下者，天下莫不以物易其性矣！小人则以身殉利；士则以身殉名；大夫则以身殉家；圣人则以身殉天下。故此数子者，事业不同，名声异号，其于伤性以身为殉，一也。

——《庄子·骈拇第八》

注释

〔1〕三代：夏商周三代。

译文

自夏商周三代以来，天下没有不用外物来错置其本性的。小人为了利益而牺牲生命，士人为了名声而牺牲生命，大夫为了家族而牺牲生命，圣人为了天下而牺牲生命。因此这上述数种人，事情不同，名称各异，但是就伤害自己的本性而牺牲生命而言，则完全一致。

解析

1.人的存在是人的身体自身，其本性是顺道而为。人不能用自己的身体去置换身体之外的事物。

2.小人、士兵、大夫和圣人虽然身份和地位不同，但他们以外物置换自己的身体则是完全一致的。在这个意义上，他们都是丧失了其本性的无道之人。

　　闻在宥〔1〕天下，不闻治天下也。在之也者，恐天下之淫其性也；宥之也者，恐天下之迁其德也。天下不淫其性，不迁其德，有治天下者哉？

——《庄子·在宥第十一》

┃注释┃

　　〔1〕在宥：自在宽宥。

┃译文┃

　　只听说自在宽宥天下，没听说治理天下。所谓自在，是说恐怕天下泛滥了其本性；所谓宽宥，是说恐怕天下改变了其德性。天下不泛滥了其本性，天下不改变了其德性。那还需要什么治理天下？

┃解析┃

　　1.自在宽宥天下是让天下保持其本性，而不违反天道。

　　2.治理天下是用礼或者用刑来管理国家，将改变天下的本性。

至道之精，窈窈冥冥〔1〕；至道之极，昏昏默默〔2〕。无视无听，抱神以静，形将自正。必静必清，无劳女形，无摇女精，乃可以长生。目无所见，耳无所闻，心无所知，女神将守形，形乃长生。慎女内，闭女外，多知为败。我为女遂于大明之上矣，至彼至阳之原也；为女入于窈冥之门矣，至彼至阴之原也。天地有官，阴阳有藏。慎守女身，物将自壮。

——《庄子·在宥第十一》

译文

至道的精粹是深藏的，至道的极致是幽暗的。无视无听，抱持神思达到宁静，形体自身就会正常。必须清静，不要劳累你的形体，不要摇泄你的精气，这样就会长生。目无所见，耳无所闻，心无所知，你的神思将守护着形体，形体才可以长生。慎守你内在的心灵，关闭你外在的感觉，多余的知识只会带来败坏。我帮你达到大明的境界之上，达到至阳的本原，帮你进入幽暗之门，达到至阴的本原。天地有至道掌管，阴阳为至道所藏。谨慎守护你自身，万物自身会壮大。

解析

1. 至道本身是深藏幽暗的。

道法自然 天人合一

2. 人要弃绝外在的感觉，回到内在的心灵，让其保持虚静。当人的神思守护人的形体，他就会长生。

3. 人体悟到至道的本原，就会洞晓天地阴阳的奥妙。人只有守护自己的身心，他才会长生。

执道[1] 者德全，德全者形全，形全者神全。神全者，圣人之道也。

——《庄子·天地第十二》

注释

〔1〕执道：掌握了道。

译文

掌握了道的人，他的德性就会完美。德性完美的人，他的形体就会完美。形体完美的人，他的神思就会完美。神思完美就是圣人之道。

解析

1.掌握了道的人为何能德性完美？这在于德性就是道的实现。

2.人具有了天地的德性，首先就显现在形体上。这在于人的身体就是人自身的天地。

3.形体的完美会导致神思的完美。这在于身体是心灵的基础。

道法自然　天人合一

圣人之静也，非曰静也善，故静也。万物无足以铙心〔1〕者，故静也。水静则明烛须眉，平中准，大匠取法焉。水静犹明，而况精神！圣人之心静乎！天地之鉴也，万物之镜也。夫虚静恬淡寂漠无为者，天地之平而道德之至。

——《庄子·天道第十三》

注释

〔1〕铙心：扰心。

译文

　　圣人的宁静并非是说宁静是好的而宁静的。万物不足以扰乱心灵才是宁静。水宁静可以照见须眉，平到可以作为标准，为大匠人所取法。水宁静犹明亮，更何况圣人的精神？圣人的心是宁静的！它是天地的明镜，万物的明镜。虚静恬淡寂漠无为是天地的平准和道德的极致。

解析

　　1.所谓宁静是从不宁静到宁静。万物不足以扰乱心灵才是宁静。

　　2.水宁静可以成为明镜，圣人之心的宁静更成为了天地万物的明镜。

　　3.虚静是天地的平准和道德的极致。

若夫不刻意〔1〕而高，无仁义而修，无功名而治，无江海而闲，不导引〔2〕而寿，无不忘也，无不有也。澹然无极而众美从之，此天地之道，圣人之德也。

——《庄子·刻意第十五》

注释

〔1〕刻意：严格要求自己的思想。

〔2〕导引：以动作导引身体的气血。

译文

假若有不刻意而高尚，不谈仁义而修身，不求功名而治世，不居江海而清闲，不导引而长寿，无所不忘，无所不有，淡然无极而众美随从而来。这就是天地之道和圣人之德。

解析

1.世上众人都是追求某种手段，亦即广义的技术而达到某种目的。这种手段可以达到目的，但也有可能无法达到目的。人们甚至将手段当成目的，而远离了真正的目的。

2.人们真正值得追求的不是技术，而是大道。真正的技术或者方法其实也是沿道而行。唯有如此，人们才能无所不忘，无所不有。

道法自然　天人合一

水之性，不杂则清，莫动则平；郁[1]闭而不流，亦不能清；天德之象也。故曰：纯粹而不杂，静一而不变，惔而无为，动而以天行，此养神之道也。

——《庄子·刻意第十五》

注释

[1] 郁：积滞。

译文

水的本性不混杂就会清澈，不搅动就会平静；积滞闭塞而不流动，也不能清澈；这是天的本性的现象。因此说，纯粹而不混杂，宁静专一而不变化，恬淡而无为，行动遵天而行，这就是养神之道。

解析

1. 水的本性是一动一静。单纯的动则不清，单纯的不动也不清。水的清澈在于动而能静。

2. 人从水的本性之中体悟出养神之道。一静一动，动而能静，静而能动。动静也合天道。

以道观之，物无贵贱；以物观之，自贵而相贱；以俗观之，贵贱不在己。以差观之，因其所大而大之，则万物莫不大；因其所小而小之，则万物莫不小。知天地之为稊米也，知毫末之为丘山也，则差数睹矣。以功观之，因其所有而有之，则万物莫不有；因其所无而无之，则万物莫不无。知东西之相反而不可以相无，则功分定矣。以趣〔1〕观之，因其所然而然之，则万物莫不然；因其所非而非之，则万物莫不非。

——《庄子·秋水第十七》

注释

〔1〕趣：同趋，即趋势。

译文

以道观之，物没有贵贱之分；以物观之，物自以为贵而相互轻贱对方；以世俗观之，贵贱不在自己，而在外人。以差别观之，因物所大的方面而认为它是大的，那么万物莫不大；因物所小的方面而认为它是小的，那么万物莫不小。知道了天地可看成小米，知道了毫末可看成丘山，那么差别的数量就可以看见了。以功能观之，因物的所有而认为它是有，那么万物莫不有；因物的所无而认为它没有，那么万物莫不无。知道东与西虽然相反但不可以相互缺少，那么就可以确定万物的功能了。以趋势观之，因物所是的而认为它是是的，那么万物莫不是；因物所非的而认为它是非的，那么万物莫不非。

┃解析┃

1.天地间的所有存在者都可以称为物。物存在着，是其所是，如其所是。

2.虽然物是其自身，但人们对于物有不同的观点。首先，人们有一立场，亦即所站立的地方；其次，人们由此立场获得了相应的视角；再次，此视角看到了相应的视野；最后，此视野中呈现出物的不同的形象。

3.庄子分析了不同立场所产生的不同的物观。这包括道、物、俗、差、功、趋等。除道外，其他的几种物观都是由立场所决定的，也就是被人的先见所限制的。

4.真正的物观是以道观之。这就是说，物无贵贱。每一个存在者都有他自身存在的根据。

察其始而本无生；非徒无生也，而本无形；非徒无形也，而本无气。杂乎芒忽〔1〕之间，变而有气，气变而有形，形变而有生，今又变而之死，是相与为春秋冬夏四时行也。

——《庄子·至乐第十八》

注释

〔1〕芒忽：恍惚。

译文

考察她（庄子的妻子）开始的时候本来没有生命；她不仅没有生命，而且本来没有形体；她不仅只是没有形体，而且本来没有气息。她混杂于恍惚之间，变化而有气，气变而有形，形变而有生，今又变而为死，这种生死变化不过是与春秋冬夏四时同行罢了。

解析

1.人生在世就是处于生死之间。人们为出生而高兴，为死亡而悲伤。

2.但人生死不过是气聚气灭。气聚而生，由气生形，有形而有生命；气散则灭，无气灭形，无形而无生命。人的生死正如春夏秋冬的轮回一样。

3.既然人的生死是气的生灭，那么人就不需为生而高兴，为死而悲伤。

忘足，履〔1〕之适也；忘要，带之适也；知忘是非，心之适也；不内变，不外从，事会之适也；始乎适而未尝不适者，忘适之适也。

——《庄子·达生第十九》

注释

〔1〕履：鞋子。

译文

忘了足，是鞋子的适应；忘了腰，是带子的适应；思想忘了是非，是心灵的适应。人不改变内在，不随从外在，是人遇事的适应。人本来适应而未尝不适应，是忘记了适应的适应。

解析

1. 一个物对于另外一个物的适应在于这两个物合为一体，正如鞋成脚的一部分，带成为腰的一部分。

2. 心灵对于外物的适应也是如此，即与外物一体。这里关键是人要无心，忘掉是非，甚至忘掉适应。

材〔1〕与不材之间，似之而非也，故未免乎累。若夫乘道德而浮游则不然。无誉无訾〔2〕，一龙一蛇，与时俱化，而无肯专为。一上一下，以和为量，浮游乎万物之祖。物物〔3〕而不物于物，则胡可得而累邪！

——《庄子·山木第二十》

注释

〔1〕材：成材。

〔2〕訾：诋毁。

〔3〕物物：使外物成为物。

译文

人处于成材与不成材之间，这看起来正确，但实际上是错误的，因此不能免于困累。假若乘道德而浮游就不是这样了。人既没有美誉，也没有诋毁，正如一龙一蛇，时显时隐，与时俱化，不拘于一。一上一下，时进时退，以和顺为度量，浮游于万物的本源。人使外物成为物，而不使自己成为被外物所控制的物，这样怎么能会困累呢？

解析

1. 成材会带来祸患，不成材也会带来祸患，因此人们选择处于成材和不成材之间。但第三种选择也是不正确的。这在于它仍然被成材或者不成材的尺度所衡量，依然是一个技术性的工具，而不能以自身为目的。

2.人真正的自由是超出手段的技术，而达到大道。这就是说，人要超出材与不材的工具性思维，而与大道合一。人不是一个有用或者无用的物，因此，人要物物，而不要物于物。唯有如此，人才能获得自由。

夫至人者，上窥青天，下潜黄泉，挥斥八极[1]，神气不变。

——《庄子·田子方第二十一》

注释

〔1〕八极：八方。

译文

至人能在上窥探青天，在下潜入黄泉，奔驰八方，神气不变。

解析

至人是达到最高道的人。他能达到世界的极限，而能保持自己宁静的身心。这表明至人与道合一，不为外物而变。

道法自然　天人合一

　　天地有大美而不言，四时有明法而不议，万物有成理而不说。圣人者，原天地之美而达万物之理。是故至人无为，大圣不作，观〔1〕于天地之谓也。

　　　　　　　　　　　　　——《庄子·知北游第二十二》

┃注释┃

　　〔1〕观：观法。

┃译文┃

　　天地有伟大的美德而不言说，四时有显明的法则而不议论，万物有形成的理则而不说话。圣人就是本原天地之美而通达万物之理。因此至人无为，大圣不作，这是说观法于天地。

┃解析┃

　　1.天地本身是自然无为的。它们存在于此并显现于此，而无需用语言来表明自己。

　　2.至人和圣人也是自然无为。他们在根本上是体悟天地并效法天地。

若正汝形，一汝视，天和将至；摄汝居，一汝度〔1〕，神将来舍。德将为汝美，道将为汝居。

——《庄子·知北游第二十二》

▌注释▌

〔1〕度：态度。

▌译文▌

你要端正你的形体，专一你的视觉，那么天然的和气将会到来；收摄你的心智，专一你的态度，神灵将会来安住。德将使你完美，道将成为你的居所。

▌解析▌

1.端正人的身体，和气就会到来。

2.收敛人的心智，神灵就会到来。

3.一个身心专一的人，就会得到道德的守护。

道法自然　天人合一

人生天地之间，若白驹〔1〕之过隙，忽然而已。注然勃然，莫不出焉；油然漻然〔2〕，莫不入焉。已化而生，又化而死。

——《庄子·知北游第二十二》

注释

〔1〕白驹：白色的马驹，也比喻成阳光。

〔2〕油然漻然：消亡、寂静。

译文

人生天地之间，就像白驹掠过微小的缝隙，忽然而已。万物生机蓬勃，没有不出生的；万物衰亡消灭，没有不死去的。万物已经变化而产生，又变化而死亡。

解析

1. 作为生命的万物没有不出生的，也没有不死亡的。

2. 人生天地间也是人在生死间。比起宇宙的永恒，人生的短暂如同白驹过隙。

真者，精诚之至也。不精不诚，不能动人。故强哭者，虽悲不哀；强怒者，虽严不威；强亲者，虽笑不和。真悲无声而哀，真怒未发而威，真亲未笑而和。真在内者，神动于外，是所以贵真〔1〕也。

—— 《庄子·渔父三十一》

注释

〔1〕贵真：以真为贵。

译文

所谓真者就是精诚的极致。不精不诚，就不能动人。因此强哭的人虽悲不哀；强怒的人虽严不威；强亲的人虽笑不和。真正的悲伤是无声而哀，真正的愤怒是未发而威，真正的亲爱是未笑而和。真心居于内，神情才能动于外，因此要以真为贵。

解析

1. 真就是一个事物是其自身。它没有任何虚假的成分。所谓精诚就是真之又真。

2. 人的内在会显现为外在。真正的内心会表现为真正的外形，虚假的内心也会表现为虚假的外形。

3. 对于人而言，任何情感的表达必须是真情的表达，这样才能动人，否则就不能动人。

责任编辑：洪　琼

版式设计：顾杰珍

图书在版编目（CIP）数据

道法自然　天人合一 / 彭富春 编著 . —北京：人民出版社，2022.5
（典亮世界丛书）

ISBN 978 - 7 - 01 - 023961 - 3

I. ①道…　II. ①彭…　III. ①天人关系 - 研究　IV. ① B2

中国版本图书馆 CIP 数据核字（2021）第 232252 号

道法自然　天人合一

DAOFAZIRAN TIANRENHEYI

彭富春　编著

人民出版社 出版发行

（100706　北京市东城区隆福寺街 99 号）

北京中科印刷有限公司印刷　新华书店经销

2022 年 5 月第 1 版　2022 年 5 月北京第 1 次印刷
开本：710 毫米 × 1000 毫米 1/16　印张：15
字数：240 千字

ISBN 978 - 7 - 01 - 023961 - 3　定价：74.00 元

邮购地址 100706　北京市东城区隆福寺街 99 号
人民东方图书销售中心　电话（010）65250042　65289539